JN189598

奨励・説教集

嵐と風と不思議なマント

三木メイ［著］

キリスト新聞社

奨励・説教集　嵐と凪と不思議なマント　目次

第一部　大学での奨励

目次

第一部　大学での奨励

嵐と風と透明マント

渡り終わると、エリヤはエリシャに言った。「わたしがあなたのもとから取り去られる前に、あなたのために何をしようか。何なりと願いなさい」。エリシャは、「あなたの霊の二つの分をわたしに受け継がせてください」と言った。エリヤは言った。「あなたはむずかしい願いをする。わたしがあなたのもとから取り去られるのをあなたが見れば、願いはかなえられる。もし見なければ、願いはかなえられない」。彼らが話しながら歩き続けていると、見よ、火の戦車が火の馬に引かれて現れ、二人の間を分けた。エリヤは嵐の中を天に上って行った。エリシャはこれを見て、「わが父よ、わが父よ、イスラエルの戦車よ、その騎兵よ」と叫んだが、もうエリヤは見えなかった。エリシャは自分の衣をつかんで二つに引き裂いた。エリヤの着ていた外套が落ちて来たので、彼はそれを拾い、ヨルダンの岸辺に引き返して立ち、落ちて来たエリヤの外套を取って、それで水を打ち、「エリヤの神、主はどこにおられますか」と言った。エリシャが水を打つと、水は左右に分かれ、彼は渡ることができた。

エリコの預言者の仲間たちは目の前で彼を見て、「エリヤの霊がエリシャの上にとどまっている」と言い、彼を迎えに行って、その前で地にひれ伏した。
（列王記下二章九―一五節）

大学生の皆さんの中にはJ・K・ローリングの『ハリー・ポッター』シリーズを読んだとか、映画を見たことがあるという人が多いと思います。その『ハリー・ポッター』の物語の中に、「透明マント」という魔法のマントが出てきます。そのマントを羽織ると、マントで覆われた部分が透明になるのです。ハリーは、誰かに追いかけられて捕まりそうなときに、このマントをかぶって隠れます。そうやって、このマントのおかげで何度も危ない状況を切り抜けて、悪い魔法使いたちと戦っていきます。

このマントは、他の魔法使いは持っていないもので、ハリーだけが持っています。彼はこれを魔法学校の校長ダンブルドア先生からもらったのですが、実はハリーが赤ん坊のときに亡くなった父親から預かっていたものだった、と打ち明けられます。父親と母親は悪い魔法使いに殺されてしまったので、ハリーは孤児となって親戚に預けられて育っていました。ですから、彼には両親から直接愛されて育てられた経験がありません。しかし、両親は死ぬ前に、ハリーが悪い魔法使いに決して殺されないように命をかけて魔法をかけました。それがハリーの額に傷のようなしるしとなって残っています。それは、両親がどれだけ彼を愛しているかという「しるし」でもあります。その後、ハリーが成長してから、透明マントを受け継いだのです。この二つのしるしによって、ハリーは、今は亡き両親の愛を感じ、彼を守ろうとしてくれた心を感じることができたのです。

聖書の中に、これとよく似た謎のマントが登場してくる箇所があります。それが今日の聖書箇所です。これは透明マントではありません。預言者エリヤの「外套」なのですが、これを丸めて水を打つと、水が左右に分かれて乾いた土の上を歩いていくことができる、という不思議な力を持った外套です。それは、モーセが六〇万人以上の人々とエジプトを脱出したとき、神の命令に従って手を上げると、神が激しい東風をもって海を押し返し、海の水が右と左に分かれたので、その間をイスラエルの人々が歩いて逃れた、という有名な奇跡物語を想い起こさせます。そのときには、後ろからエジプト軍が追いかけてきているという危機的な状況だったのですが、神様が偉大な力をもってモーセと人々を困難から守り導いてくださったのだ、というエピソードとして語り伝えられています。ですから、預言者エリヤがこの不思議な外套を持っていたということは、彼が神様から特別な力を受けて、その道が守り導かれていたことを象徴的に表しているのです。

ここに出てくるエリシャはエリヤの弟子です。彼は、まもなく預言者エリヤが死んでしまうということを知っています。エリシャは、師のエリヤから何を願うかと問われて、「あなたの霊の二つの分をわたしに受け継がせてください」と答えます。エリヤは、「わたしがあなたのもとから取り去られるのをあなたが見れば、願いはかなえられる」と言います。そして、突然二人の間が分けられて、エリヤだけが嵐の中を天に上っていきます。そして、その後にエリヤのあの不思議な外套が落ちてきます。エリシャはその外套を拾ってヨルダン川の岸辺に立って水を打ち、「エリヤの神、主はどこにおられますか」と言ったら水が左右に分かれて渡ることができました。そうやって彼は、エリヤの霊を受け継いで、今度は自分一人で預言者としての道を歩いて行くのです。

この二つの物語に共通しているものがあることに気がついたでしょうか。死んでいく人つまり両親や預言者が、後に残される子や弟子のために、自分が亡くなった後も無事にちゃんと生きていく道が開かれるようにと願って、不思議なマント、道を開く外套を備えてくれて、そして残された者たちはそれを受け継いで、それに守られて、困難な状況にも負けないで、しっかりと人生を歩んでいくというストーリーになっているのですね。

皆さんは、自分には透明マントも不思議な外套もないから関係ない、と思うかもしれません。しかし、過去の人々が残してくれたすばらしいものが、私たちにもたくさん与えられているのです。例えば、今この同志社大学で学んでいるという学習環境も、よく考えてみれば、創立者新島襄はもとより、最初に献金してくれたアメリカ・バーモント州ラットランドのグレース教会に集まった人々や、新島の志を受け継いで同志社を発展させていった多くの人々の、この学園で学ぶ未来の学生のためにという祈りとともに、長い年月かけて努力を積み上げて作られてきた「外套」なのです。

そして、皆さんが学んでいるさまざまな領域の学問研究そのものも、今は亡き多くの人々の努力の積み重ねの結果なのです。そういう中で学びをしっかり身に付け、皆さんが将来社会人として活躍できる成長を可能にする教育環境が整えられているのです。それによって、皆さんの成長が見守られ、期待されているのです。そして、将来何らかの困難な状況が嵐のようにやってきても、それを乗り越えていける力を養うことができるのです。

学校だけではなく、人間の社会や思想、歴史、技術、文化など、すべてのものは、過去の人々のそういう想いや祈りを受け継ぐことによって形作られてきた、と言えるのではないでしょうか。

ですから、現在与えられた状況の中で、自分のために利用できるものは利用するというだけではなく、過去に生きた人々からどのような大切なことを自分が受け継いでいるのかを考えてみてほしいと思います。そして、自分より後に生きる人々には何を残せるかという思いを持ち、他の人々のために自分に何ができるのかを考えてみてください。皆さんにとって、現在受け継いでいる透明マントは何か。そしてそれを今後誰にどうやって受け継いでいけばいいのか。特に他の人々が困難な状況を乗り越えられるように、という想いと祈りをもって考えてみてください。

そして、最後に、キリスト教においては、最も不思議で最も重要な「マント」、「外套」は、聖書そのものだ、ということを覚えておいてください。聖書は、三〇〇〇年前から人々によって語り伝えられ、文書で伝承されてきました。それは、その後のあらゆる時代の、あらゆる地域の人々に生きる勇気と希望を与えてきたのです。

特に、苦しく、困難な状況の中で生きている人々に向けて、いつも神様が愛をもって見守り導いてくださるのだ、というメッセージを伝えてきました。皆さんは、その聖書のみ言葉の一つひとつの意味をよく理解して、どんな激しい嵐や風が吹いても、それを乗り越えていける力をくれる透明マント、道を開く外套を受け継いでいってください。

（二〇一七年六月一六日　京田辺ランチタイム・チャペルアワー奨励）

ほんとうに生きている、ということ

その日、すなわち週の初めの日の夕方、弟子たちはユダヤ人を恐れて、自分たちのいる家の戸に鍵をかけていた。そこへ、イエスが来て真ん中に立ち、「あなたがたに平和があるように」と言われた。そう言って、手とわき腹とをお見せになった。弟子たちは、主を見て喜んだ。イエスは重ねて言われた。「あなたがたに平和があるように。父がわたしをお遣わしになったように、わたしもあなたがたを遣わす」。

（ヨハネによる福音書二〇章一九―二一節）

死とは何か、生とは何かという問い

去る四月二五日にJR福知山線の列車脱線事故が起こりました。皆さんご存知の通り九〇名以上の方が亡くなられ、四〇〇名以上の方が負傷されるという大惨事でした。その中でこの同志社大学京田辺キャンパスに通っていた学生三名が亡くなり、負傷者は二

○名以上にものぼりました。将来へのさまざまな希望をもって生きていたはずの私たちの仲間である学生たちが、このような形で命が失われる、また傷を負うということになったことは、誠に残念で胸が痛みます。特に、亡くなられたご本人とそのご家族の方々の無念、その深い悲しみはいかばかりかという思いが心に重くのしかかってきます。まったく思いがけない死という出来事によって、引き裂かれるように別れを余儀なくされてしまった人々の心の痛みは言葉に表せないほどに大きいと言わざるを得ません。人間の死とは何か、生とは何か、簡単には答えの出ない、そういう問いの前に、改めて立たされているような気がいたします。

実は、今のこの期節はキリスト教会の暦では、復活節にあたっています。主イエス・キリストは、死に値する罪がないにもかかわらず十字架にかけられて死に、三日後に復活された、と聖書には記してあります。そして、その後しばらく弟子たちのもとに、復活のイエスが現れたという物語が記されています。

復活の出来事は、客観的事実としては一体何が起こったのかよく分からない不思議な出来事です。しかし、とにかく弟子たちの魂の領域において、主イエスの死を乗り越えて、たくましく生きる方向へと転換させる、何か大きな変化が確かにあったのだろうと思われます。その復活とは何か、それによって私たちと主イエスはどういうつながりの中にあるようになったのかを思いめぐらす期節となっています。

私たちも今ここで、「人間の死という事実を正面に見据えながら、人間が生きる」ということについて思いをめぐらせたいと思います。

若き女性美術家の生涯

さて、今日は一人の若い女性の美術作家の生涯についてご紹介したいと思います。この女性については、四年間の歳月をかけて（一九九八年から二〇〇一年）ドキュメンタリー映画が作られております。ある方が、「今年三月に京都で上映されているからぜひ見てください」と私に勧めてくださいました。題名は『with…若き女性美術作家の生涯』です。私は、この六〇分ほどのドキュメンタリー映画を見てかなり心動かされるところがありまして、すぐに同じ内容のビデオと彼女の本を買い求めました。私にこの映画を勧めてくださった方も言っておられましたが、これを見ると「この映画を、ぜひ他の人にも紹介しなくては」という気に自然となってしまいます。この女性美術作家の方がどのようにして自分の歩むべき方向を真実に求めていったか、どのように悩みながらも喜びをもって他者と共に生活し生きてきたか、そして彼女の死の後には何が残ったのか、少しだけお話しさせていただきたいと思います。

　彼女は一九七五年に神戸で生まれた佐野由美さんという方です。一九九五年、長田区に両親と住んでいた彼女は阪神・淡路大震災で被災しました。長田区はご存知のとおり、特に被害が大きく、多くの犠牲者が出た地域です。彼女の家も全壊してすべてを失い、避難所で生活しなくてはならなくなりました。当時、彼女は一九歳で、大阪芸術大学の一年生でした。自分にとって一番大切だと思っていた美術というものが、人間が生きるか死ぬかというときには何も役に立たないという現実を目の当たりにして、非常にショックを受けたと語っていました。彼女は長田でボランティアとして、少しでも被災した人々を元気づけたいとさまざまな活動に加わっていきました。もともとはボランティアなんて自己満足的な感じで興味はなかったそうですが、さまざまな心の痛みを抱える被災者と共に暮らす生活の中でなんとか励ましたいという思いを持ち、自然と彼女にとってなすべき仕事になっていったようです。そしてそれだけでなく、彼女は全壊した家からスケッチブックを持ち出して、避難所の周辺にいる人たちの生活の様子を毎日スケッチしてイラストに描き続けました。あっという間に一枚描いてしまうので、その枚数は震災後一カ月で二百数十枚になったということです。

　この頃、彼女は大学の先生に手紙を書き送っています。とにかく生きるということの大切さを知ったということと、生きていることを無駄にしたくないからこそ描きたい、描きたくてたまらないという内容だったそうです。彼女にとっては、絵を描くということは単なる趣味とか教養とか文化活動の一部というものではなくて、自分が生きることそのものだったのだろうと思います。どう絵を描くかということは、どう生きるかということだったでしょうし、もし絵を描くことが他の人にとって意味のないものであるのなら、自分はこの社会の中で役に立たない存在になってしまうのではないか、と思い悩んでいたのだろうと思われます。被災者やボランティアの人々の日々の生活や関わりを描いた彼女のイラストは、すべての命ある人々への温かな優しいまなざしにあふれています。それらはその後、被災者の生活を伝える一冊の本となって出版されました。

震災から三年経ち、大学を卒業した彼女は、ネパールのパタンという町にあるラクリット福祉学校というところで、ボランティアで美術の先生をする決心をします。その学校は日本のいくつかのNGOが経営しているもので、授業料は無料で、貧しい家の子どもたちが通ってきています。彼女は、美術家として自分が社会の人々にどのように役立っていけるのかという課題を抱えて、ネパールの人々の生活の中に入っていきます。人なつこくて明るくバイタリティのある彼女は、日に日に愛しさが増してくる生徒たちとの関わりによって励まされながら、絵を描くという美術活動も続けます。休みの日には町へ出て行って、市場や下町で出会った人々をたくさん描いていました。ネパールはとても貧しく教育を受けられないどころか明日の食事にも事欠く人々もある上に、カースト制度が残っていて根強い差別があります。ネパールの人々の生活に溶け込むほど、その人々の苦しみや悲しみを彼女はよく知るようになります。なぜこのような不平等があるのか、みんなが安心して眠れる夜はいつ来るのか、という思いは彼女の絵の中にも描き込まれていくようになります。貧しく厳しい生活を、それでもたくましく生きようとする人々の姿を彼女は精力的に描いていきます。その絵は、人間が生きることの苦悩や悲しみに彼女が深く共感していたことを、如実に表しています。子どもたちには、将来少しでも手に職をつけるきっかけになるようにと、切り絵を教えていました。彼女が子どもたちに、ありったけの愛情をふりそそいでいたことは、絵を通じても、そして映画の画面を通じてもよく分かります。

「死」と「永遠」

一年が経って日本に帰るのもあとわずかになった頃、彼女は子どもたち全員の似顔絵を一枚ずつ描いて手渡しました。ところが日本への帰国まであと一週間足らずというときに、彼女はバイクに乗って最後の旅行に出掛け、交通事故に遭遇して、命を断たれてしまったのです。まだ二三歳でした。彼女をよく知るネパールの人々は、かけがえのない友人を失ったと涙を流していました。彼らは、彼女が清らかな気持ちでどれだけ自分たちを愛してくれたか、あんな人は他にはいない、と語ります。そして、彼女の魂が描き込まれた絵が後に残りました。

二年後に彼女の個展が神戸で開かれました。個展会場は彼女の生き方に共感した人々であふれたと言います。彼女の生き方と願いはその絵を見る人に伝わります。ネパールの道端に座る少女の絵の中には、「学びたい、でも食べていかねば……」とか、「どこに本当の人生はあるの……」、「いつか光は届くのかしら……」など、その声にならない声を描き込んだものがありました。

ドキュメンタリーの中にこういうナレーションがあります。「彼女は信じていました。一本のペン、一枚の絵が、一つの言葉が、人々の心を動かす可能性のあることを。そして、世界が少しだけ変わるかもしれないことを……」。そして最後は、「佐野さんの心は永遠に生きている」という言葉で終わっています。

彼女がキリスト者だったのかどうかは、はっきり書いてありませんので分かりません。しかし、そのようなこととは関係なく、彼女の生き方と死には、イエスさまの生涯を彷彿とさせるものがあると私は感じます。神の子、救い主である主イエスの生涯と死は私たちにとって、特別のまた独自の意味を持つものであることはもちろんです。しかし、人間イエスの生涯が本当にどのようなものであったかを思うとき、人間の魂がなせるわざとして、死んでしまったのにもかかわらず、「この人は永遠に生きている」と他の人々に言わしめるものを残したということ、そして苦しみ悩みつつ生きる人々や子どもたちへの深い愛をメッセージとして残していった、という点では共通するものがあると私は感じています。

そういう彼女の生き方を方向づけるきっかけとなったのは、阪神大震災において、人間の死を目の当たりにして、とにかく生きることの大切さを知ったことだったことを、まず心に留めておきたいと思います。絶望的な状況の生活の中で、ほんとうに生きたい、生きていることを無駄にしたくないともがいた結果、彼女は心に痛みをもつ「他者」と共に生きる道を歩んでいたのです。

「あなたがたに平和があるように」

復活の主イエスが弟子たちの前に現れたとき、弟子たちの真ん中に立ち、「あなたがたに平和があるように」と言われた、と記されています。その弟子たちは、逮捕されるイエスを見捨てて逃げ去った者たちでした。自分たち自身の罪の重さ、イエスの死に対する責任を感じつつ隠れていました。しかも、主イエスは十字架上で人間としての苦難をすべて負いつつ、まさに悲惨な形で死なれたのです。先の見えない絶望の淵にあって苦しむ弟子たちのところにイエスは現れて、「あなたがたに平和があるように」と言われました。それは、主によって約束された救いが実現した瞬間だったとも言えます。

ヨハネによる福音書一四章のイエスの言葉にはこうあります。

「心を騒がせるな。神を信じなさい。そして、わたしをも信じなさい。わたしの父の家には住む所がたくさんある。もしなければ、あなたがたのために場所を用意しに行くと言ったであろうか。行ってあなたがたのために場所を用意したら、戻って来て、あなたがたをわたしのもとに迎える」（一四・一―三）。

主なる神様のみもとにおいて、苦しみ痛むすべての魂が平安を与えられ、永遠の命に入れられますようお祈りいたします。

（二〇〇五年四月二七日　京田辺チャペル・アワー奨励）

ナルニア国からの語りかけ

　さて、安息日が終わって、週の初めの日の明け方に、マグダラのマリアともう一人のマリアが、墓を見に行った。すると、大きな地震が起こった。主の天使が天から降って近寄り、石をわきへ転がし、その上に座ったのである。その姿は稲妻のように輝き、衣は雪のように白かった。番兵たちは、恐ろしさのあまり震え上がり、死人のようになった。天使は婦人たちに言った。「恐れることはない。十字架につけられたイエスを捜しているのだろうが、あの方は、ここにはおられない。かねて言われていたとおり、復活なさったのだ。さあ、遺体の置いてあった場所を見なさい。それから、急いで行って弟子たちにこう告げなさい。『あの方は死者の中から復活された。そして、あなたがたより先にガリラヤに行かれる。そこでお目にかかれる』。確かに、あなたがたに伝えました」。婦人たちは、恐れながらも大いに喜び、急いで墓を立ち去り、弟子たちに知らせるために走って行った。すると、イエスが行く手に立っていて、「おはよう」と言われたので、婦人たちは近寄り、イエスの足を抱き、その前にひれ伏した。イエスは言われた。「恐れることはない。行って、わたしの兄弟たちにガリラヤへ行くように言いなさい。そこでわたしに会うことになる」。

（マタイによる福音書二八章一―一〇節）

冬から春へ

今日は、題名にありますように、『ナルニア国物語』のお話をしたいと思いますが、その前にまず、冬から春への季節の移り変わりということと、この『ナルニア国物語』と、そして、主イエス・キリストの復活の物語との関係についてお話をしておきましょう。

今年の冬を思い出してください。早くから寒くなったのに、四月になってもずっと寒く、本当に困ったと思うぐらいに寒い期間が長かったです。しかし、五月に入り急に暖かくなり、あっという間にキャンパス内の木々の緑が急に美しくなって生き生きと輝く季節になりました。

私の名前は「三木メイ」ですが、「メイ」というのは五月という意味で、出産予定日が五月だったということで、親がつけてくれた名前です。この五月の季節、緑が美しくなる季節ですから私は大好きです。けれど、冬は寒いので嫌いです。冬になりますと、早く春が来ないかと待ち遠しい気持ちになります。

キリスト教会では、だいたいこの冬から春になってゆく季節の間に、主イエス・キリストの復活をお祝いする復活祭（イースター）を迎えます。春の光に照らされて花が咲きほころんでいるこの時期というのは、すべての自然の命が生き生きと輝いて見えますから、キリストの復活をお祝いするのに相応しい季節です。冬には、私たち人間は少し緊張して、硬くなって、心も体も暗く冷たくなるというイメージがあります。しかし、春の訪れとともにほっと安心して、心も体も柔らかくなって、そして気持ちも明るくなる。そういう変化があるのではないでしょうか。

暗い心から明るい心へという季節の移り変わりによって起こる心の変化と、そして、主イエスの死と復活の出来事によって弟子たちの心の中に起こった大きな変化とは、どこか深いところでつながっているのではないかと私は思っています。そういうふうに考えていたのは私だけではなかったのだ、と確信させてくれたのが『ナルニア国物語』です。

作家C・S・ルイス

最近、関西でこの物語の映画が封切りになりました、「ナルニア国物語　第一章ライオンと魔女」です。みなさんご覧になりましたか。見ていなくても本を読んだことがあるという方もいらっしゃるかもしれません。私はゴールデンウィークの間にこの映画を二回観ました。

この作品は、イギリス人の作家、C・S・ルイスが書いたファンタジーです。子ども向けのファンタジーになっていますが、大人も含めて、いつの間にかキリスト教的な世界観に誘ってくれる作品です。非常に有名なキリスト教文学の一つでもあります。ルイスは、イギリスのオックスフォード大学で学び、そして、一時その母校で教鞭をとり、後にケンブリッジ大学の教授を務めた文学研究者です。イギリス国教会の信徒ですが神学者ではありません。けれど、キリスト教に関するエッセーなどもたくさん書き残しています。彼の友人の一人は、映画「ロード・オブ・ザ・リング」の原作『指輪物語』を書きました。これも日本語で翻訳本が出ていますが、その作者のトールキンは、実はルイスと結構仲の良い友達だったそうで、パブとかで自分たちの作品のことを話し合って、お互いに文学的な刺激を与え合っていたそうです。

日本では、大学教授でなおかつ児童文学作家だという人、残念ながらあまり聞いたことがないですね。そういう人が登場してほしいと思いますが、日本では、小説とか童話とか映画、テレビドラマなどのフィクションは、大衆的な娯楽として消費されてしまうものと見なされる場合が多いのではないでしょうか。ですから、良い文学作品を重要な研究対象として評価する文学研究に注目する人が少なくなってきているのではないかという気がします。それに文学作品とか物語を本で読む人が全体的に少なくなっていることを私は残念に思っています。

この作家ルイスは、一九四〇年から五〇年代を中心として文学研究者として教鞭をとりながら、ＳＦ小説とか、詩とか、こういった児童文学などを執筆していたようです。特に全七冊シリーズの『ナルニア国物語』を世に出して、非常に権威のある児童文学の賞である、カーネギー賞を受賞しています。

ファンタジーの世界

私が皆さんに知ってほしいと思う大切なことの一つは、私たちが今、手にしている聖書は、実際に起こった出来事の記録とフィクションとが混在している書物だということです。ですから、この『ナルニア国物語』のようなファンタジーとか、その他の文学作品と聖書はどこか似通った性格を持っていると言えると思います。というよりも、逆に言うと、いわゆるキリスト教文化圏の文学を含めたさまざまなフィクションの源泉は、聖書にあると言った方が正しいでしょう。聖書と文学はどちらも、人間が実際に生きている現実の世界と、そして、それよりももっと広くてもっと大きくて不思議なことの起こる人間の心の世界を描いています。その二つの世界はまったく別な世界なのではなくて、どこかでしっかりつながっています。神様と人間の関係を表現する物語というのは、この二つの世界にまたがるようにして書かれている部分がたくさんあります。

児童文学者の松居直さんは、『ナルニア国物語』のパンフレットの中でこう書いておられます。「ファンタジーの世界は本の中だけにあると思い込みがちですが、実は、私たちの日々の暮らしのすぐそこ、すぐ隣りに、あるいは暮らしそのものの中にあります。あえて言えば、私たち自身の内にあります」。

聖書の世界も聖書の中だけにあるのではなくて、私たちのすぐ隣り、私たち自身の心の中にある、と言えるのではないでしょうか。

ナルニア国の子どもたち

さて、ここでまだ『ナルニア国物語』のお話について知らないという方々に、映画では二時間半になるストーリーを、できるだけ短くして、ご紹介したいと思います。

主人公は四人の子どもたちです。長男のピーター、そして長女のスーザン、この二人は非常にしっかりしており、下の二人の兄弟姉妹の面倒をよく見て、なんとかこの二人を守っていこうとするお兄さんとお姉さんです。二男のエドモンドという男の子は少しひねくれていて、ときどき妹に意地悪なことを言って泣かせたり、お兄さんやお姉さんにも反抗的な態度をとったりします。そして、一番大事な役割を演じるのが一番下の妹のルーシーです。とても純粋な心を持っていて、おおらかで、勇敢で、そして、誰かをしっかりと信頼する心を持った女の子です。

彼らは一九四〇年代の第二次世界大戦の最中にロンドンに住んでいたのですが、両親と離れて疎開をすることになります。それで片田舎の、ある大学教授と家政婦がいる大きなお屋敷に住むことになります。ある日、四人はその大きな屋敷の中で隠れんぼをすることにしたのですが、そのときにルーシーが大きな衣装ダンスの中に入っていきました。このタンスの奥に入っていったら、そこがナルニア国への入口になっているのを発見したのです。

そのナルニア国というのは、雪が降り積もった一面銀世界の森の中でした。衣裳ダンスのこちら側は確か夏だったと思います。なのに、そのタンスの奥のナルニア国は冬、真冬なのです。そこは恐ろしい白い魔女によって支配されていたので、魔女の魔法によって暗く寒い冬がずっと続いていました。ルーシーは、その雪景色の中を歩いていたときに、腰から下だけが山羊の姿をした、上半身は人間とよく似た格好の不思議な生き物と出会います。タルナスという名前の彼と友達になってから、また衣装ダンスの中を通ってもとの世界に戻っていきました。そうして、兄や姉たちに「タンスの奥に行ったらこんなだったよ」と、喜んで話をしました。ですが、彼らはルーシーの言うことを信じてくれません。当然です。そんなのあるわけないじゃないか、というわけです。それで、「それなら連れて行ってあげる」と、衣装ダンスの奥に行きますが、そのときは普通の衣装ダンスのように板があるだけで、ナルニア国には行けなかったのです。

ルーシーはものすごく悔しい思いをします。ピーターとスーザンは、ルーシーがそんな嘘をつくわけがないし、お父さんとお母さんと離れて寂しいからちょっと頭がおかしくなったのかもしれない、とすごく心配しました。だけど、エドモンドはさんざんルーシーをからかって泣かせます。彼女は、どうしようもないのでふさぎ込んでしまいました。

ところがある晩、偶然に今度は、エドモンドが衣装ダンスからナルニアに来てしまいました。そして、あろうことか、すぐにナルニア国の女王だと名乗っている白い魔女と出会います。しかもそのときに、魔女の甘い誘惑に乗って、魔法のかかったお菓子を食べてしまいました。それを食べると、魔女の言うことに従う家来になってしまうお菓子だったのです。エドモンドはまた元の世界に戻りましたが、皆にはそのことは黙って内緒にしていました。

ある日、今度は四人の兄弟姉妹が一緒にナルニア国にやってくることになりました。そのときにエドモンドは他の三人を裏切って、魔女の館に一人で行ってしまいました。残された三人を助けてくれたのがビーバーの夫婦でした。この国の動物はみんな人間の言葉が話せます。ビーバーたちは、このナルニア国の本当の王様はライオンのアスランなのだ、と教えてくれました。そのアスランは一〇〇年間ナルニア国を留守にしているけれど、もうすぐ一〇〇年ぶりに戻ってくることになっている。だから、魔女の魔法の力が弱くなって、もうすぐ雪が解けて春がやってくるよ、と言うのです。三人はとにかく弟のエドモンドを助け出さなきゃ、と心配しながら話し合います。ですが、ビーバーは、魔女の手からエドモンドを救い出すには、絶対にアスランの力を借りなければ無理だと言います。

結局、いろいろあった後で、ついに白い魔女の率いる強そうな軍隊とアスランの率いる軍隊が戦いをすることになります。その戦いの準備をしている時に、魔女に捕らえられたエドモンドの命を救うためにアスランが身代わりとなって、魔女に自分の命を差し出す決意をするのです。そして、石舞台といわれる舞台の上で、アスランは白い魔女に殺されてしまいます。その死を目撃していたのが、スーザンとルーシーでした。彼女たちはアスランの死を悼んで、朝が来るまでそばで泣いていました。

ところが、明け方早く、ナルニア国の予言通り、アスランは復活して生き返ります。その頃ピーターとエドモンドは軍隊を率いて魔女の軍団と戦っていたのですが、負けそうになって苦しい戦いをしていた最中でした。しかし、復活したアスランがやってきて、とうとう戦いに勝ちました。そうして、暗い冬が続いていたナルニア国に、明るい光とともに春がやってきたのです。そして、この四人の子どもたちはナルニア国の新しい王様として、それぞれの王座に就きました。アスランはどうしたかというと、ナルニア国の王としての仕事を四人に委ねて、どこかへまた旅立っていきます。四人はナルニア国に長い間いたのですが、その後にちゃんと衣装ダンスから元の世界に戻っていきました。

悪の支配と愛の支配

このストーリーを皆さんはどういうふうにお感じになりますか。またゆっくりと本を読んだり、映画を見たりして、考えてみてください。

ルイスが描いたナルニア国の物語は、私たちにさまざまなメッセージを語りかけていますし、その語りかけの内容は、聖書のメッセージと繋がっている部分が多いと思います。恐怖や悪による支配というものがどれだけ人間の心を絶望的に暗く冷たくしてしまうものか。そしてその反対に、神様の愛による支配が広がれば、どれだけ人の心を希望で満たし、明るく温かくなっていくか、この物語は教えてくれます。神様の愛の支配を広げるためには、善悪の判断を正しく行って、人間同士信頼し合って、神様の力によって助けられながら、皆で力を合わせて、悪の支配と戦わなくてはなりません。しかし、人間は時には善悪の判断をエドモンドのように誤ってしまう。そして、罪深い行いをしてしまいます。

しかし、だからこそ、アスランのように、主イエス・キリストが私たちの罪のために死ぬことによって、救いの道を開いてくださったのです。だから、私たちは失敗してもそれを悔い改めながら、希望を持って、神様の愛を信じて歩んでいくことができるのです。そういう語りかけが、この物語には込められています。

今日の聖書の箇所をもう一度見てください。イエスさまが十字架にかけられて、亡くなった後、その一部始終を遠くから見守っていたのは、それまでイエスに従ってついてきた女性たちでした。そして、三日後の日曜日の明け方早くにイエスの墓のところに行って、イエスさまが復活されたという知らせを聞きます。この女性たちの心の内については聖書にはほとんど書いてありませんが、それを想像してみましょう。イエスさまの復活を知る前というのは、イエスさまの死に対する絶望的な悲しみにうちひしがれていたでしょう。

しかし、キリストの復活を知った後には、神様の力によって希望にあふれた喜びに満たされていたのではないでしょうか。そして、その喜びを他の人にも伝えようとしたのではないかと想像できます。絶望から希望への転換点、冬から春への転換点に、イエスさまの復活の出来事があります。私たちは、この春の訪れの季節に今一度、イエスさまの復活の出来事と、その意味について思い巡らしたいと思います。

四人の子どもたちが戻ってきた世界というのは、まだ戦争が行われている暗い世界です。でも彼らはナルニア国のアスランと出会う前とは違って、勇気をもって悪の支配と暗い世界と戦う力を与えられて、希望をもって明るい心で歩むことができるようになったのではないでしょうか。私たちが今生きている現実の世界でも、さまざまな人間の恐怖や悪による支配で心が暗く冷たくなってしまうような事件とか、出来事が後を絶ちません。でも、その悪の支配に身を任せて絶望するのではなく、愛の支配を求めて戦う力を、神様は主イエス・キリストを通して私たちに与えてくださっています。

そのことに感謝して、喜びと希望をもって、ナルニア国の四人の子どもたちのように歩んでいきましょう。その力を与えてくれるメッセージを、聖書のみ言葉や物語から読み取っていきましょう。

（二〇〇六年五月一〇日　京田辺チャペル・アワー奨励）

命と命のつながり

「心を騒がせるな。神を信じなさい。そして、わたしをも信じなさい。わたしの父の家には住む所がたくさんある。もしなければ、あなたがたのために場所を用意しに行くと言ったであろうか。行ってあなたがたのために場所を用意したら、戻って来て、あなたがたをわたしのもとに迎える。こうして、わたしのいる所に、あなたがたもいることになる。わたしがどこへ行くのか、その道をあなたがたは知っている」。トマスが言った。「主よ、どこへ行かれるのか、わたしたちには分かりません。どうして、その道を知ることができるでしょうか」。イエスは言われた。「わたしは道であり、真理であり、命である。わたしを通らなければ、だれも父のもとに行くことができない。あなたがたがわたしを知っているなら、わたしの父をも知ることになる。今から、あなたがたは父を知る。いや、既に父を見ている」。フィリポが「主よ、わたしたちに御父をお示しください。そうすれば満足できます」と言うと、イエスは言われた。「フィリポ、こんなに長い間一緒にいるのに、わたしが分かっていないのか。わたしを見た者は、父を見たのだ。なぜ、『わたしたちに御父をお示しください』と言うのか。わたしが父の内におり、父がわたしの内におられることを、信じないのか。わたしがあなたがたに言う言葉は、自分から話しているのではない。わたしの内におられる父が、その業を行っておられるのである。わたしが父の内におり、父がわたしの内におられると、わたしが言うのを信じなさい。もしそれを信じないなら、業そのものによって信じなさい。はっきり言っておく。わたしを信じる者は、わたしが行う業を行い、また、もっと大きな業を行うようになる。わたしが父のもとへ行くからである。わたしの名によって願うことは、何でもかなえてあげよう。こうして、父は子によって栄光をお受けになる。わたしの名によってわたしに何かを願うならば、わたしがかなえてあげよう」。

（ヨハネによる福音書一四章一―一四節）

答えを見出しにくい問い

人は誰も、人生においてすぐには答えが見つかりそうもない問いを抱えながら生きている、そういう存在だと言えるのではないでしょうか。

人間が生きていく意味というのはどこにあるのか。そもそも「命」とは何なのか。人間にとっての本当の幸せとは何なのか。人間以外の、すべての命あるものとはどういう関係を結んでいけばいいのか。今住んでいる私たちの社会、世界は、望ましい方向へ向かっているのか。善なるものと悪なるものをどう判断して生きるのか。私たちが今、ここにあってしなくてはならないこと、考えなくてはならないことは何だろうか。どう生きればいいのだろうか。

そのような人間の存在の根源を求めるような問いは、なかなか答えを見出すことができません。私たちの多くは日々の忙しい生活の中で、そんな問いを考える気持ちの余裕をもてませんし、考えても仕方のないことは考えない、と思っている人も多いかもしれません。しかし、このような問いは、私たちが何かどうしようもなく苦しい体験、悲しい体験をしたとき、どうやって生きていけばいいか分からないという悩みのときに、改めて自らに迫ってくる問いでもあります。そのときに、自分の心に自分で繰り返し問いかけながら、人間は生きているのではないでしょうか。

自分が今考える生きる意味

私は、学期の最初の授業のときに、受講生の方々にいくつか質問を出してペーパーに書いてもらっています。今年の京田辺での「キリスト教とは何か」という授業のときに、「今自分は何のために生きていると思うか」、「自分が今考える生きる意味、生きる目標というのは何ですか」という問いを示して、それに対する自分なりの答えを考えて書いてもらいました。答えの内容はさまざまですが、少しご紹介したいと思います。

- 自分のオリジナルな人生ってわくわくするので、生きています。生きているから人生に意味が出てくるのです。
- 前から考えているが分からない。生きながらその理由を探していると思う。
- 自分の人生が自分の満足する形のものになるまで変化し続けるために生きている。今の自分は未来の自分のために生きていると思います。
- いろんなことを知り、学び、遊び、楽しんで充実した人生を送るために生きているのだと思います。
- 将来たくさんの人を幸せにできるようなことをしたいからです。今はそのための勉強をするために生きています。
- 自分が死ぬときに幸せを感じながら良い人生だったと思えるように、何年か後に、今よりもっと幸せになれるように、今生きていると思う。

・何のために生きているかと考えたことは何度もありますが、その答えは見つかりません。それは死ぬときに見えてくる答えなのではないでしょうか。

この答えにくい問いに応答して考えてくれたのは、一八歳、一九歳、二〇歳前後の学生たちです。生きる意味や目標をどこに見出したらいいか、そういうことに悩みつつも、自分の未来に夢と希望をもって成長していきたいという熱い願いが、一人ひとりの文章から感じられます。

事故による突然の死

私は今、思います。二年前の四月二五日、この京田辺キャンパスに通学するために、JR福知山線に乗っていて脱線事故に遭遇してしまった学生たち、そして二七日に福島でバス事故にあった学生も、彼らと同じように自分の未来に夢と希望を持って、生きる目標を求めつつ、大学生活を送っていたはずではなかったかと……。それがこのようなかたちで、打ち砕かれてしまうとは、誰も想像していなかった。二度と起こってはならない、悲惨な出来事でした。私たちは、多くの命が奪われ、傷つけられたこの出来事を、今どのように受け止め、何を学び、何を考えなくてはならないのでしょうか。この問いにしばらく向き合って考えてみたいと思います。

これらの事故で、同志社大学の学生四名と同志社女子大学に通っていた一名の卒業生の命が奪われ、そして多くの負傷者も出ました。心と体にさまざまに傷を負いながらも、生き残ることができた人々は、自分の未来に大きな不安を抱き、絶望的な思いを抱きながら、どうして自分がこんな苦しい目に遭わなくてはならないのか、と心の内で繰り返し問わざるを得なかったのではないでしょうか。その答えのない問いをもって、長い苦しい日々を乗り越えようとしてきたのではないでしょうか。私たちは、まずそういう人々の発している声に耳を傾けることを大切にしたいと思います。

生きるとは、互いに支え合うこと

昨日、今出川の火曜チャペル・アワーで、事故で重傷を負って三カ月入院するという経験をした四回生のKさんが奨励でお話をしてくださいました。

彼女はときどき涙に声を詰まらせながらも、二年前のつらい体験を話してくれました。そして、家族や友人や病院関係者の方々が、深い傷を負った彼女を温かく支え、共にいて励まし続けてくださったおかげで少しずつ回復してきた、その経緯を語ってくださいました。彼女は、「生きるとは、多くの人々に支えられることであり、互いに支え合うことだと気づいた」と言っていました。あの悲惨な事故の体験を乗り越えて、自分が何を大切にすべきかを、しっかりと見出してきた彼女の姿と言葉に触れて、私は改めて、命あるものが互いに支え合うことによって生まれてくる大きな希望を感じていました。静かな喜びが心の中に広がっていました。

今日四月二五日付で、ある本が出版されています。『JR福知山線脱線事故　二〇〇五年四月二五日の記憶』という題名で、この事故で負傷された方々とその家族、計二九名の方々が書かれた手記・記録集です。あの事故に遭遇して生き残った人々が、現場で何を体験し、あの事故から何を感じ、何を学んだのかなどが、具体的に克明に描かれています。

序文の最後にこう記されています。

「……この手記は、まさに命の危機に直面した凄まじい体験と、それに向き合いつつもそれぞれの生活の中で再び歩き出した壮絶な記録です。……この記録集を通して、JR福知山線列車事故が私たち一人一人に何を問いかけているのか、また今日も多くの乗客を乗せて走っている鉄道の更なる安全、そして何より命の大切さ、尊さを改めて考えていただければ幸いです」。

この本の内容は、読み続けるのもつらくなるほど壮絶なものですが、だからこそ伝えなくてはならない、この出来事を風化させてはならない、という強い使命感を感じます。

ある方はこう書いています。

「あの事故から何を学ぶべきなのか。直接的には公共交通である鉄道の安全運行の重要性でしょう。しかし、本当に気づくべきは、事故を引き起こすことになった社会のありようではないでしょうか。……私は、人間らしく生きられる社会の実現をめざしていくことを、これからの目標に決めました」。

また、ある方はこう記しています。

「失ったものもありますが、事故によって得たこともあります。当たり前と思っていた日々の生活のありがたさ。家族や友人の大切さ。事故に遭わなければ出会うことのなかった人々との出会い。これからの人生、事故に遭ったことを少しでもプラスに変えていけるように生きていきたい。生かされた者として、心ならずも命を失った人たちの分も生きていきたい。そう思っています」。

命をつなぐ「道」

聖書には「命」という言葉がよく出てきます。今日読んでいただいた聖書の中には、「イエスは言われた。『わたしは道であり、真理であり、命である』」という言葉があります。ここで言われている「命」は、私たちが日常的に使う肉体的な意味での「生命」という意味を超えています。

イエスさまは、「生」と「死」という境界線を越えて、この世での「命」と天におられる神様のみもとでの「命」をつなぐ「道」となるために、神から遣わされた方であることが、聖書に記されています。イエスさまは自分の死を前にして、その意味を弟子たちに語っていますが、それは「命」の終わりではなく、新たな「命」の始まりを示しています。しかし、弟子たちはわけが分からないまま動揺します。イエスさまは、「わたしを信じる者は、わたしが行う業を行い」なさい、と弟子たちに言います。イエスが行った業、そして繰り返し守りなさいと言われたことは、「神様を愛しなさい、そして人間同士互いに愛し合いなさい」ということです。互いにその命を支え合いなさい、ということです。それが、永遠に変わらない「命」のつながりをもたらし、永遠に変わらない生きる意味を私たちに与えてくれることを、聖書は語り伝えています。

今、学生の皆さんは、それぞれ自分の生きる目標を探しながら勉強していることと思います。どんな勉強をし、どんな職業に就くとしても、真実に生きる意味を与えてくれる真理が、聖書に記されていることを心に覚えて、人の命と命のつながりを大切にして、自らの人生を全うできる道を探求してほしいと願っています。

（二〇〇七年四月二五日　京田辺チャペル・アワー奨励）

泣く人と共に泣きなさい

愛には偽りがあってはなりません。悪を憎み、善から離れず、兄弟愛をもって互いに愛し、尊敬をもって互いに相手を優れた者と思いなさい。怠らず励み、霊に燃えて、主に仕えなさい。希望をもって喜び、苦難を耐え忍び、たゆまず祈りなさい。聖なる者たちの貧しさを自分のものとして彼らを助け、旅人をもてなすよう努めなさい。あなたがたを迫害する者のために祝福を祈りなさい。祝福を祈るのであって、呪ってはなりません。喜ぶ人と共に喜び、泣く人と共に泣きなさい。（ローマの信徒への手紙一二章九―一五節）

「泣く」ということ

「喜ぶ人と共に喜び、泣く人と共に泣きなさい」という聖書の言葉がありますが、私はあえて「泣く人と共に泣きなさい」というところだけを奨励題に取り上げました。その理由は単純です。この命令形で書かれている言葉を実際にやってみようとすると、共に喜ぶよりも、共に泣くということの方が、私にとって、また多くの人にとっても難しいことだろう、と思ったからです。

皆さんは、「泣くな」とか「泣いちゃだめ」とか言われた経験が一度や二度はあるでしょうが、「泣きなさい」と言われたことはあるでしょうか。ほとんどないと思います。映画俳優であれば、「ここで泣け」と言われれば、ポロポロっと涙をこぼせる人がいますけれど、すごいなと思います。それ以外のほとんどの人は、自分の感情、特に泣くという感情を自在に操ることはできないのではないでしょうか。皆さんは「泣きなさい」と言われて泣けますか。涙もろい人はいます。私は、そういう人は少しうらやましく思います。嬉しいときでも、悲しいときでも、私はなぜか涙を流して泣く、ということがありません。

五年ほど前に、私は父親を亡くしました。その知らせを受けたときから今日に至るまで、ぽろぽろ涙を流して泣いたことがありません。父は私を娘としてこよなく愛してくれていましたし、私にとっても、父は大切な、大きな存在でした。いろいろ意見の違いはありましたけれど、決して関係が悪かったわけではありません。ですからどうして泣けないのか、と自問自答することもあります。葬儀の準備が大変だったので泣いている場合じゃなかったということもありますし、九〇歳という、天寿といえる年齢で天国に召されていったから、ということもあるのかもしれません。でも、自分でもいまだに理由はよく分かりません。

ただ、私は小さい頃から泣かない子どもだったわけではないのです。昔、私が小学校低学年の頃にもらった成績通知表の備考欄に、担任の先生がこう記入していたのを覚えています。「よく転んですぐ泣く」。小学一年生か二年生のことだったと思いますが、一回ではなく、二回同じようなことを書かれたのを覚えています。運動神経が鈍かったのかもしれませんが、確かに当時よく転んでひざにけがをしては、消毒してもらっていました。この通知表の備考欄の言葉を見て、おそらく私は「泣いてはいけないのだ」という禁止命令を自分に発したのだろうと思います。「よく転んですぐ泣く」。先生は、それ以上は何も書いていなかったと思います。でも子どもの私は、「それは直さなくてはいけないことなのだ」と理解したのだと思います。だから、もし「泣きなさい」と言われても、私は泣けないのです。

「共感する」ということ

「泣く人と共に泣きなさい」という言葉は、言い換えれば、他者の悲しみ・苦しみ・痛みを共感しなさい、ということでもあります。カウンセリング用語でいえば、「共感的理解」ということでしょうか。これが自然にできる場合もありますが、できない場合も多くあります。特にカウンセラーのような、いわば心の援助の専門家の場合は、自分がまったく経験したこともないような苦しみ・悲しみを抱えた人々の話を聞きますので、「共感」できるように自分の心を整えるのは、なかなか大変だと思います。話の内容をしっかり聞くだけではなくて、それを話している人の心の底に、どんな感情が流れているかを感じ取りながら、集中して聴いていくことが必要なので、かなりのエネルギーを要することになります。

人の感情、殊に「泣く」とか「泣きたい」という感情は、先ほどお話ししたように、どこかで他の人には知られないように隠しておかなくてはいけないという暗黙の命令を受けて育ってきている人が多いのではないでしょうか。ですから、言葉に直接出さなくても、顔の表情・しぐさ・話し方・姿勢・雰囲気・目の動きや輝き、周りの環境や人間関係など、その人全体から発信されているものを総合的に捉え直して、その人の内面の世界を想像して洞察していく力が必要になります。心理カウンセラーの仕事は大変です。

他の人の心に共感できるようになるために、人の心の世界を想像する力は、どうやって養うことができるでしょうか。それは、まず自分の感情がどう流れているか、自分の心の世界がどうなっているかを、しっかり見つめる訓練をすることから始まります。これは、実は結構難しい課題です。見ようと思っても見えない場合もありますし、見ると、自分が見たくないものが目に入ってきたりします。自分をあまり見つめて考えると落ち込んでしまうので、最初からあまり考えない、という人もいるでしょう。

自分の本音の思いや感情というのは、結構自己中心的であったり、自己満足的であったり、自己防衛的な要素がたくさん含まれています。そして、その自分の心の中で、さまざまな葛藤が日々起こってきます。特に、何らかの悲しみ・苦しみ・痛みによって泣いている人と「共に」泣かなくてはいけない、などという状況は、大きな葛藤を生みます。それは、自分の心が傷ついたり、不安になったりする可能性が大きいからです。

一時期、「あの人、暗い」という言い方が、テレビですごく流行っていたのを覚えています。今でもそうなのかもしれません。暗い雰囲気の人の重荷を、「こちらに持って来ないでよ」と思いつつ避けようとする。そんなマイナスの影響は受けたくないのです。

それが人間の自己防衛的感情です。そんな葛藤を乗り越えてまで、「共に泣く」とか「共感」とか、どうしてそうする必要があるのでしょうか。

共感能力の危機

もう一度言いますが、心理カウンセラーの仕事は大変です。それにもかかわらず、心理学を勉強したいと志望する人は増加している、と聞きます。いろいろな大学が、心理学部や心理学科を新設したり、定員を増やしたりしています。カウンセラーという仕事が、ここ十数年の間に急速に社会的な存在意義を認められるようになったことも一つの大きな理由だと思います。ただ、社会全体に目をやってみると、人々が他の人の心の問題に多くの関心を向けるようになったのか、というと疑問が残ります。むしろ、他者への関心とか、他者の心の有り様を想像する力は、マイナスの方向に向いているのではないか、という気がします。

それは私の思い過ごしであればいいと思っていたのですが、どうやらそうではないことが、科学的にはっきりしてきたようです。近頃、人間の脳の研究が盛んに行われています。ある脳神経外科の医師は、現代社会でのさまざまな便利な道具、例えば携帯電話・テレビ・パソコン・ゲームなどを使う生活によって、だんだんと「考えをめぐらし想像する脳の機能」が低下してきている、と警告しています。この医師の言葉を紹介しましょう。

「自分で考えることをせずに想像力をなくした結果、他人に対して何をすれば相手が嫌な思いをするのか、心に痛みを感じるのかが分からなくなってきています。他人に対する思いやりや、相手の気持ちを理解するという行為は、主に脳の前頭前野の部分が司っていますが、想像力を失い、他人の気持ちや痛みが分からなくなってしまった人は、この部分の働きが低下している、と私は考えます。前頭前野が活性化していないということは、脳が面倒くさがり屋になっているとも言えます。考えるのが面倒くさいと、相手を思いやる気持ちもなくなってしまいます」。

これを読んで、なるほどそうかと思っていたら、今度はテレビで脳の話をしていまして、女性の脳は男性に比べて、共感を司る脳の部分が活性化していて、大きくなっているそうで、それが目に見えるかたちで比較されて画面に表されていましたので、こんなところまで研究は進んでいるのか、と思って驚きました。

何のために「共に泣く」のか

なぜ「共感すること」「共に泣く」ことが聖書の中で勧められているのか、なぜ大切なのか、という問いに戻って考えてみますと、脳の活性化のために、というわけではもちろんありません。聖書の御言葉から、もう一度考えてみたいと思います。

「喜ぶ人と共に喜び、泣く人と共に泣きなさい」というこの言葉は、イエス・キリストの言葉ではなく、使徒パウロがローマの教会の人々に送った手紙の中に書かれていた言葉です。当時のローマでは、キリスト教に対する迫害が起こっていたので、教会の人々は大変だったようです。なおかつ、教会の中にも問題が持ち上がっていて、内部分裂のような状態が起こっていたらしいのです。それでパウロはその教会の人々に宛てて手紙を書き、仲間同士いろいろ違うところがあってもお互いを受け入れて、愛し合って、励まし合って協力していってくださいよ、そして迫害を受ける苦しみを皆で乗り越えて、神様への信仰を一緒に守っていきましょう、と勧めの言葉を書き送ったのです。

この言葉の大前提になっているのは、私たちは皆神様に愛されて、生かされているのだ、という確信と喜びです。それは、主イエス・キリストを通して知らされた偽りのない愛です。主イエスは、自己中心的なさまざまな弱さを持っている私たちを受け入れ、赦してくださったのだから、私たちもお互いを受け入れ合い、赦し合い、喜びも悲しみも共にして、助け合って生きていこう、そしてできることなら、すべての人々と平和に暮らせることを祈り求めていこう……。そのようにパウロは勧めているのです。

私たちは、現実の日々の生活において、それぞれ困難な問題や、なすべき課題を抱えながら歩んでいます。自分のことだけで精一杯で、他人のことまでかまっていられない、という人も多いかもしれません。しかし、本当の生きる喜びと、生きる力と、そして自分の生きる意味は、どこから与えられるか、よく考えて思いめぐらしてみてください。「喜ぶ人と共に喜び、泣く人と共に泣く」、そこに偽りなき愛があるときに、そのすべてが与えられるはずです。

最後に

最後にお話ししておきたいことは、阪神・淡路大震災のことです。もう一五年前のことですから、ここにいる学生の方々はまだ小学生くらいだったかもしれません。あの大惨事が起こったときに、被災した多くの人々が、絶望的な状況の中でも生きる希望を失わなかったのは、「泣く人と共に泣く」たくさんのボランティアの人々や支援活動をする人々がいたからです。そのことの大切さは、皆さんの心にもしっかり刻んでほしいと思います。人間というのは、私自身も含めて、自己中心的で勝手な性質を持っている存在ですけれど、同時に、自分の利益は度外視してでも、他人のためにできるだけのことをしなくては、という「良心」を神様から与えられている存在なのです。その他者を思いやる「良心」を、自分自身の中にしっかりと持って、社会へ歩み出していってほしいと、願っています。

神様はいつも泣く人と共におられ、苦しむ人と共におられます。そこにおられる神様と共に私たちも歩んでいきましょう。

（二〇一〇年一月一九日　今出川火曜チャペル・アワー奨励）

地の塩、山室軍平

「あなたがたは地の塩である。だが、塩に塩気がなくなれば、その塩は何によって塩味が付けられよう。もはや、何の役にも立たず、外に投げ捨てられ、人々に踏みつけられるだけである。あなたがたは世の光である。山の上にある町は、隠れることができない。また、ともし火をともして升の下に置く者はいない。燭台の上に置く。そうすれば、家の中のものすべてを照らすのである。そのように、あなたがたの光を人々の前に輝かしなさい。人々が、あなたがたの立派な行いを見て、あなたがたの天の父をあがめるようになるためである」。

（マタイによる福音書五章一三―一六節）

一番偉いと思える人は?

まず、今日のお話を始める前に、皆さんにお聞きしたいことがあります。皆さんがこの同志社大学を卒業した後、同級生の中で一番偉いと思えるのは、社会でどんな働きをした人でしょうか。同級生がどんな仕事をしていたら、「あいつは尊敬できる」と言えるでしょうか。考えてみてください。弁護士ですか。外交官ですか。学者ですか。それともプロのスポーツ選手でしょうか。

十数年前のことですが、私はテレビで、ハーバード大学の学生が同じような質問をされている場面をたまたま見かけました。なんと答えていたと思いますか。質問された学生たちが、ほとんど同じような答えをしていましたので、私はびっくりしました。なんだと思いますか。大統領でしょうか。科学者でしょうか。会社社長でしょうか。そうではないのです。ほとんどの学生が、確信を持ってこう答えていたのです。「世界中の難民を救済する仕事をしている同級生がいたら、その人を一番尊敬します」と。

難民救済の活動をしている人、だったのです。世界の各地で、戦争や内紛やあるいは異常気象のために、自分の住み慣れた土地を離れざるをえなかった人々、その多くが自分の身の安全と食料を確保できない状態でさまよっている。そのような他者の助けを今すぐに必要としている難民たちのために、国際的なレベルで救済する仕事をしている人を、一番尊敬するというのです。

「神と人道のために」

このクラーク・チャペルを出てすぐ左の壁面に、「山室軍平」と右から書いてあって、半身像が浮き彫りになっている銅板のタブレットが掛けられているのを、皆さんご存知でしょうか。真っ黒になって読み取りにくいですけれど、「神と人道のために」と右から左へ文字が浮き彫りに書かれています。一八八九年から一八九四年と記されていますが、これは彼の同志社大学での在学期間を表しています。

これがどうして掛けられているか知っていますか。新島襄とともに同志社英学校を創立したJ・D・デイヴィスの息子のジェローム＝デイヴィス（エール大学教授）が、同志社出身者の中で、最大の人物を顕彰したいと願い出たのです。つまり、最も社会に貢献した同志社出身者の功績を讃えるために、彼が多額の寄付をしたことによって造られたものなのです。しかし、現在「山室軍平」という名前と、彼の功績を知っている学生はどのくらいいるでしょうか。残念ながら、同志社の中でも彼のことはあまり語られなくなったのではないか、と私は危惧しております。

この春学期の統一テーマを「あなたがたは地の塩、世の光である」と決めたときに、私は「同志社で地の塩と言えば、山室軍平だな」と考えておりましたので、どなたか彼のお話をしてくださるかも、と内心期待しておりました。しかし、現在までのところ誰も山室軍平のことに触れて話をしてくださる方がありませんでした。それで、山室の研究者でもない私がお話させていただくのはまことに僭越ではあると思いますし、なおかつ彼の波乱万丈の生涯と偉大な社会的貢献をわずかな時間で語ることは難しいのですが、少しだけでも学生の皆さんに知っていただきたいと思い、ご紹介したいと思います。

山室の社会的貢献

山室軍平は「救世軍」というキリスト教の団体の指導者としてさまざまな活動を行ったことで有名で、「救世軍の山室か、山室の救世軍か」と言われたほどです。「救世軍」というのは、イギリス人のウィリアム・ブースという伝道師が一八六五年にロンドンで創設した、“Salvation Army”という軍隊組織を取り入れたキリスト者のグループです。

山室は、明治二五年、二〇歳の頃、当時岡山で孤児救済事業を始めていた石井十次から教えられて、このウィリアム・ブースが書いた『最暗黒の英国とその出路』という本を読んで、彼らの活動やその考え方に興味を持ち始めていました。その救世軍の人々が十数名、東京にやって来ることになり、山室はその活動拠点を訪ねて彼らと出会いました。最初はいろいろあったのですが、結局自ら入隊することにして、キリスト教の伝道活動と同時にさまざまな社会福祉事業を実践していったのです。

彼が日本人第一号として救世軍士官になったのは、明治二九（一八九六）年、二四歳の時です。山室軍平は、この救世軍が発行していた機関誌『鬨《とき》の声《こえ》』の原稿を執筆し続けて、キリストの福音を日本の庶民に伝えることも仕事としていました。彼は二七歳で結婚したのですが、その結婚式直後にもらった二週間の休暇を利用して、『平民の福音』という、後にベストセラーになった本を書いています。キリスト教になじみの薄い日本の一般民衆にも分かりやすく書かれたものでした。

彼は路傍伝道を行いながら、貧困に苦しむ人々の救済のためにさまざまな活動を始めました。貧しさゆえに人身売買されてしまった女性たちを解放するための廃娼運動を行い、その女性たちを社会復帰させるための婦人ホームを作り、多くの女性たちをそこで保護して、妻の機恵子が彼女たちの世話をしました。経済不況になったときは、職を失った人々のために無料の職業斡旋所を作り、戦争が起こったときは、兵士や残された家族を慰問する活動を行いました。結核予防運動を行い、救世軍の病院も設立しました。

「救霊にあらざる社会事業なく、社会事業にあらざる救霊なし」。

人々の魂の救いを実現していくことは、社会的に弱い立場にある人々に対して実際的な救済事業を行うことであり、そういう社会事業を行うことが、人々の魂の救いをもたらすことなのだ、という信念のもとに、このような救世軍の活動は行われていきました。まだ、日本の社会において、社会福祉という言葉も、そして人権保護の法律やシステムもなかった時代に、山室軍平はその先駆けとなる社会事業の活動を次々と実践していきました。救世軍の仲間や、あるときにはキリスト教婦人矯風会のメンバーや他のキリスト者と協力しながら、その社会的活動を推進していったのです。

彼が中心となって展開されていった日本救世軍の活動は、社会的貢献として認められるようになり、彼は四三歳で最初の勲章を授与され、五二歳で勲六等瑞宝章を受けています。

苦学した青少年時代

このように世間に広く知られるようになった山室軍平ですが、彼が救世軍という自分の生きる場に出会う以前の、彼の幼少期と青年時代のことも、皆さんに少しお伝えしておきたいと思います。一言で言えば、彼は自分が歩むべき道を見出すために、大変深く悩み苦しみ、つらい体験を繰り返しております。彼は、明治五（一八七二）年に、岡山県哲多郡の農家の三男として生まれました。彼は幼い時から敏捷な子どもで、小学校では成績抜群でした。

しかし、兄弟の病気療養の費用のために田畑を売り渡した両親の家は経済的に困窮し、軍平は裕福な家に養子に出されました。将来、上の学校で勉強させてくれるという約束での養子縁組でしたが、病弱だった養父母は、軍平を手元に置いておきたかったらしく、約束はなかなか果たされません。それで、向学心に燃え、勉強して立身出世することを夢見ていた彼は、たびたび家出をして岡山あたりまで行くのですが、見つかって連れ戻されました。三回目の家出で、ようやく成功して東京までたどり着きましたが、お金がなくなってしまいます。それで、築地にある活版製造所で職工として働き始めたのが一四歳の時のことです。安い給料ですから、お金は貯まりませんし、勉強することもできません。そのような時期に、彼はキリスト教と出会います。

明治二〇年、路傍伝道で聖書の言葉に触れた軍平は、翌年一六歳の時に、築地福音教会で洗礼を受けて教会員になります。そして、篤志家の援助を受けて、福音神学校（現在の日本聖書神学校）に入学することになり、職工を辞めて勉学に励みます。その頃、彼は教会の青年会の幹事をしていましたが、ある日、徳富猪一郎（蘇峰）に講演を依頼しました。徳富は青年たちに「品行」について語り、「京都の新島襄という先生は真の品行を有する人物である」と熱弁をふるいました。これを聞いた山室は、その高貴な品行の持ち主の感化を受けたいと思うようになります。

その後、彼は別のところで、新島の序文のついた『信仰の生涯』という小冊子を手にします。それは、イギリスの牧師、人道主義者で孤児救済の活動等も行ったジョージ＝ミューラーが、同志社で行った説教と講演内容を掲載した小冊子でした。ミューラーは、信仰覚醒運動に強く影響されて、信仰と祈りによって、必要なものは霊的なことだけでなく物質的なものまでも与えられると確信して、信徒や賛同者の自由な献金で活動し、数年で二〇〇〇人に達した孤児たちを収容する孤児院を寄付金で経営した人でした。山室は、この小冊子を借りて手写しして繰り返し読み、大きな影響を受け、「ミューラーを助ける神は、また私を助ける神だ」という信仰を持つようになったようです。

さらに、彼と同志社を結びつける思いがけないチャンスがめぐってきました。それは、明治二二年六月に、キリスト教青年会第一回夏期学校という集会が、同志社で開催されることになったからです。この会には全国から四六七名が参加しました。指導者は、当時の宗教界・教育界の第一人者ばかりが揃っていました。山室軍平は、この夏期学校に参加したことについて、「井の中の蛙が、大海に出たようなものだった」と表現しています。ここで新島襄の姿を見て、その言葉を聞くことができました。新島は、「明治維新の改革は、青年の手によってなされた。そのごとく神の国を建設するの大業《たいぎょう》もまた、青年の力に俟《ま》つ所が最も多い。……あまたの薪が集まれば、勢い良く燃え上がる。そのように諸君も協力して、同胞の救いのために戦わねばならない」と激励する言葉を青年たちに語っています。

山室は、この夏期学校の後、同志社普通学校の上級生だった吉田清太郎のお伴をして、岡山県高梁町の教会の夏期伝道に参加することになりました。このとき山室はまだ一七歳ですが、教会や伝道所で説教するだけでなく、三〇日間毎日一人で路傍伝道をしていました。吉田はこう書いています。

「山室君は、その頃から説教が上手でありました。その説くところは平易明白で、しかもよく人を感動させておりました。……路傍伝道をやりますとなかなかの聴衆で子どもを背負うた女も聞きに来て燃やされていました。……とにかく山室君は説教について、一種独特の天才を有っていたと思います」。

この年の九月、同志社英学校から独立して、同志社神学校ができました。予備科一年、普通科五年、神学科三年の九年制でした。吉田は山室に受験をすすめ、彼は二〇〇名の受験生の中で、首席で合格しました。しかし、入学したと同時に彼の資金は底をついてしまいます。それで、吉田はあちこち手をつくすのですが、奨学金を得ることができず、とうとう吉田は自分の生活費を彼の学費にあててしまいます。そして二人とも食費にあてるお金がないので、何日も絶食して勉強を続けるというような苦学をします。山室は一七歳で神学校に入学し、二二歳のときに中途退学しています。退学の理由は、経済的に困窮していただけでなく、当時「新神学」と言われた自由主義神学の潮流の影響によって、これまで持っていた素朴で単純で純粋な信仰生活に疑問と動揺とが起こってきたからです。

それで同志社の学業を放棄して、再び高梁の教会に赴いて伝道師となり、先の石井十次と共に孤児救済事業などを手伝ううちに、ウィリアム・ブースの本と出会い、自分の道を見出すことになるのです。

自分の生きる道を見出す

今大学生活を送る学生の皆さんも、将来の自分の歩むべき道を探して、悩んでいることと思います。経済的な不況で、自分の希望する職業に就けるかどうか、という不安も大きいと思います。自分のことを考えるだけで精一杯だろう、ということも想像できます。けれども、覚えておいてほしいことは、自分が本当に生きる意味を感じて生きていける場というのは、他の人々の真実の幸福のために、自分はどのような働きをすることができるのか、と模索してさまよう中から見出すことができる、ということです。

山室軍平は、そこから道を見出した先輩です。彼は、聖書の「地の塩」についてこう書き記しています。

「『汝らは地の塩なり』とは、私どもが人間生活における塩と同じく、一日もなくてかなわぬ人間たるべきことを教えられたものである。しかも塩が、そんなにこの世になくてはかなわぬわけは、その中に塩からい味があるからである。そのごとく、私どもはまた、めいめい、神を敬って義しきを行う所の、主義信念をもった人物であるゆえに、したがってまた、一日もなくては叶わぬ人物でありたき物である」。

「塩は、なくてはならぬものの随一であること。

塩は、腐敗をとどめ、清める力があること。

塩は、少量にて多分の働きをすること。

塩は自分をなきものにして他のためにつくすこと」。

私たちは、この現実の社会の中で、どのように生きていくべきかを求め、いつもさまよい歩いています。答えはなかなか見出すことができません。山室軍平が自らの生きる道を見出し、真実に生きる意味を悟ることができたのは、神と出会い、神の導きに従ったからでした。彼を導いた神は、さまよう私たちと今も共にあって、私たちをも導いてくださいます。私たち一人ひとりは小さな存在ですけれども、この世にあって地の塩としての働きをなすことができるようにと、主なる神に祈り求めて歩んでいきましょう。

（二〇一〇年六月二三日　今出川水曜チャペル・アワー奨励）

少女よ、起きなさい

イエスが舟に乗って再び向こう岸に渡られると、大勢の群衆がそばに集まって来た。イエスは湖のほとりにおられた。会堂長の一人でヤイロという名の人が来て、イエスを見ると足もとにひれ伏して、しきりに願った。「わたしの幼い娘が死にそうです。どうか、おいでになって手を置いてやってください。そうすれば、娘は助かり、生きるでしょう」。そこで、イエスはヤイロと一緒に出かけて行かれた。

大勢の群衆も、イエスに従い、押し迫って来た。……

イエスがまだ話しておられるときに、会堂長の家から人々が来て言った。「お嬢さんは亡くなりました。もう、先生を煩わすには及ばないでしょう」。イエスはその話をそばで聞いて、「恐れることはない。ただ信じなさい」と会堂長に言われた。そして、ペトロ、ヤコブ、またヤコブの兄弟ヨハネのほかは、だれもついて来ることをお許しにならなかった。一行は会堂長の家に着いた。イエスは人々が大声で泣きわめいて騒いでいるのを見て、家の中に入り、人々に言われた。「なぜ、泣き騒ぐのか。子供は死んだのではない。眠っているのだ」。人々はイエスをあざ笑った。しかし、イエスは皆を外に出し、子供の両親と三人の弟子だけを連れて、子供のいる所へ入って行かれた。そして、子供の手を取って、「タリタ、クム」と言われた。これは、「少女よ、わたしはあなたに言う。起きなさい」という意味である。少女はすぐに起き上がって、歩きだした。もう十二歳になっていたからである。それを見るや、人々は驚きのあまり我を忘れた。イエスはこのことをだれにも知らせないようにと厳しく命じ、また、食べ物を少女に与えるようにと言われた。

（マルコによる福音書五章二一―二四、三五―四三節）

「苦しかったら、私の背中を見なさい」

「なでしこジャパン」（女子サッカー日本代表）が、女子ワールドカップで優勝しました。その日から今日で九日、毎日どこかのテレビ番組で、なでしこジャパンのことが報道されています。マスコミの注目度は、準々決勝、準決勝と勝ち進むにつれて、急激に高くなっていきました。サッカー好きでも何でもない私にも、彼女たちが優勝すれば何かが変わるのではないか、という予感を持たせるような勢いがありました。

少なくとも「大和撫子」という言葉のイメージが変わるかもしれない、と私は期待をもって見ていました。私の持っている国語辞典の「やまとなでしこ」の項目には、植物のナデシコの別名、という説明のほかに、「か弱いけれど、凛々しいところが有るという意味で、日本女性の美称」と書いてあります。どうして「か弱い」という形容詞がついているのか気になります。なでしこジャパンには「か弱い」という言葉は、まったく当てはまりません。繰り返しやってくる不利な状況に対しても、常に冷静さを失わず、チームメンバー同士の気持ちを一つにして、最後の最後まで決して希望を失わないで、自分たちを信じて戦う。その精神力とチームワークは、決勝相手の強豪・アメリカチームにも勝る強固なものであることが証明された優勝だったと言えるのではないでしょうか。

日本では、女子サッカーは長い間注目されず、財政的にも恵まれない環境で、主力選手の多くが働きながら練習しているのだそうです。一方、男子サッカーにはたくさんのプロ選手がいて、スポンサーもつき、コマーシャルに起用される者もあり、マスコミにも大きく取り上げられます。要するに、一般的に日本社会では、男子サッカーに比べて、女子サッカーそのものに対して何か期待や希望を持って見られるということが、これまではほとんどなかったわけです。

今回のワールドカップの試合で、澤穂希選手を含め、なでしこジャパンのメンバーが、これだけ勝つことにこだわって執念を燃やした背景には、このような女子サッカー界の状況を変えなくては、という思いが強くあったと聞いています。日本に女子の代表チームができてから今年で三〇年ですが、先輩の選手たちの、今よりももっと恵まれない環境で頑張っている様子が撮影された練習中のビデオを、今の選手たちが練習の合間に見ていたということが、ある番組で紹介されていました。

澤選手自身は、一七年前に一五歳で日本代表チームの一人に選ばれていたそうで、彼女が一二歳の頃を知る人は、その頃からすでに非常に優れたサッカーの技・センスを身に付けていた、と言います。そういう意味では、若い頃から注目されていた選手ですが、それでも女子サッカーが社会から注目されるほどの結果をなかなか出せない、ということに苦悩してきました。

彼女は若い選手たちに、「苦しかったら私の背中を見なさい」と言っていたそうです。これはなかなか言えない言葉です。自分のすべてをとことんサッカーに賭けて、苦しくても走り抜いてきたからこそ言えるのだろうと思います。それだけ努力してきた、そのうえで、彼女はこう言っています。「サッカーの神様がここまで連れてきてくれたのだから、思いっきり楽しもう、と思いました」と。

私は、ああなるほど、それでプレッシャーに押し潰されずにプレーできたのだな、と分かりました。

あきらめずに希望を持って生きる

女子サッカーの話をしましたが、聖書とどのようなつながりがあるのか、と思っておられる方もあるだろうと思います。

実は、今日の聖書の箇所は、イエスが二人の女性に奇跡的な癒しの業を行った二つの物語が、サンドイッチのようになっている不思議な箇所です。新共同訳聖書では、「ヤイロの娘とイエスの服に触れる女」と題名がつけられています。この二つの物語には、ある共通するメッセージが込められているように私は思います。登場するのは、一人は一二歳の少女で、もう一人は一二年間出血が止まらない病気に苦しんできた女性です。状況は全然違うのです。しかし、二人の女性を取り巻く周りの民衆たちから、この女性（または少女）は、もうだめだ、もう生き生きと喜びを持って生きていくことはできない、幸福にもなれない、存在価値はない、と見なされていた点では共通しているのです。

イエスの服に触れた女性は体から血の流出がある病でしたから、当時のユダヤの律法で「汚れたもの」と見なされていたのです。彼女は周りの人々から「汚れた女」というレッテルを貼られて、差別されていただろうと思われます。それにもかかわらず、彼女はあきらめなかった。多くの医者にかかって、ひどく苦しめられ、財産も使い果たしてしまった……。誰からも、この人の人生には幸福は訪れないと思われていたに違いないのですが、彼女はあきらめなかった。そして、「この人なら」とイエスの服に自分からそっと手を伸ばしたのです。それは、律法的にはイエスを汚す行為だったのですが、それに対してイエスは「娘よ、あなたの信仰があなたを救った。安心して行きなさい」と言います。

あなたはそれでいいのだ、苦しいことがあってもあきらめずに希望を持って生きるのだよ、という意味の言葉をその女性にかけて、祝福したのです。

「恐れることはない、ただ信じなさい」

ヤイロの娘のほうは、少し気をつけて読む必要があります。娘がどうして死にそうなのか、その理由は書かれていないので分かりません。とにかく、父のヤイロが、必死になってイエスに頼んでいます。「わたしの幼い娘が死にそうです。どうか、おいでになって手を置いてやってください。そうすれば、娘は助かり、生きるでしょう」と。ヤイロは、あきらめていないのです。娘が回復して生きることにまだ望みを持っています。ところが、人々がやってきて、「お嬢さんは亡くなりました。もう先生に来ていただく必要はなくなりました」と言うのです。もうヤイロの娘はおしまいだ、イエスが来たって意味がないよ、ということです。しかし、イエスは言います。「恐れることはない。ただ信じなさい」と。

会堂長の家に着くと、人々が大声で泣き騒いでいるので、イエスが「なぜ、泣き騒ぐのか。子供は死んだのではない。眠っているのだ」と言うと、人々はイエスをあざ笑った、と聖書には書いてあります。想像してみてください。本当にこのヤイロの娘のことを心配して、その死を悼んで悲しんでいる人たちだとしたら、ここでイエスをあざ笑ったりするでしょうか。おそらくしないでしょう。この周りにいた人々は、この娘はもうだめだ、と決めつけてそのことを確認したくて集まってきた人々なのかもしれません。しかも、イエスのこともバカにしてまったく信頼しようとしていません。

イエスはそういう人々を家の外に追い出します。そして、本当に心から娘の回復を願っている両親と、イエスを神の子と信じる三人の弟子だけを連れて、娘のところに行って、言葉をかけます。「少女よ、わたしはあなたに言う。起きなさい」。

彼女は一二歳だった、と書いてありますが、当時この年齢は、子どもと大人の境目となる年齢です。実際に彼女がどのような状態だったのかは分かりませんが、たとえば何らかのいじめや虐待にあって心の傷を受け、今でいう引きこもりや摂食障害、うつ状態、リストカットをするような状態になって、周りの人々がこの子はもうだめだ、と思ってしまうようなことがあったのかもしれません。

人間は、周りの人々が映し出す自己像に敏感かつ無意識に影響を受けてしまいます。「お前は駄目な人間なのだ」という目でずっと見られていると、そうか自分は駄目な人間なのだ、自分は存在価値のない人間なのだというふうに、いつのまにか内面化してしまう傾向があります。逆に、「あなたは大丈夫。みんなあなたのことを大切に思っていますよ」と周りの人たちから言われると元気になるものです。

どうしてなでしこジャパンの話をしたか、少し分かってきたでしょうか。「女子サッカーは男女同権の国ほど強い」と言われていたそうです。だから、一番強いのはアメリカだというわけです。しかし日本では女子サッカーは注目もされず、期待もされていなかった。そういう逆境にありながらも、「自分たちのサッカーをやって勝つ」という信念を持って優勝という快挙をやり遂げたことには、大いに拍手を贈りたいと思います。きっとたくさんの女の子たちが、「なでしこジャパンの選手みたいになりたい」という希望を持っただろうと思います。彼女たちが恐れず、あきらめずに信念を持って戦い続けたことが、多くの人に感動と希望を与えたことは、確かな事実だといえるでしょう。

世界各地の女性たちの祈りと活動

日本においても、現在かなり男女平等の社会になってきていると感じている人も多いとは思いますが、ジェンダーをめぐるさまざまな課題が未だ多くあり、女性が女性として生きにくい現状があります。それを変えていこうという勢いは、日本よりもアメリカやカナダの方がとても強いということは認めざるを得ないと思います。

私は二〇一一年二月下旬から、ニューヨークで行われた国連女性の地位委員会と、同時開催のNGOの協議会やイベントに参加してきました。今年で五五回目の開催を迎えています。世界各国の政府代表団と、女性問題に関わって活動している援助団体のメンバーが集まってきていました。今年のテーマは、「女性および少女が教育・訓練や科学技術に平等にアクセスでき、一定水準の正規の仕事に就けるように推進していく」ということです。そして継続的に取り上げているテーマとして「女性および少女に対する暴力や差別をいかに防止していくか」という課題が挙げられています。

多くのNGOは、高校生、または中学生くらいの少女たちを国連の会場に連れてきて、彼女たち自身にプレゼンテーションさせていました。アフリカやアジア各国からも参加してきています。ある会場ではアメリカの教会の女性団体が、ザンビアの女の子を招いて、現地の女の子の実生活の一例をビデオ画面で報告させていました。ビデオで紹介されていた女の子は、一〇代で結婚させられ、妊娠・出産して間もなく離婚されて家を追い出されました。彼女は乳飲み子を抱えながらも仕事がなく、隣の家の水をペットボトルに入れてそれを市場で売り歩いてわずかな収入を得るしかありません。彼女は画面を通して訴えていました。「私は教育を受けて、きちんと仕事をして自立したい。でも、その手立てがまったくないのです」と。そして、プレゼンテーション担当の少女は、このような状況を変えていくために、国の政府にどうしてほしいか、国連にどうしてほしいか、国際的な援助団体にどうしてほしいかということをとても明確に訴えていました。

このような場を用いて、少女たちをエンパワメントして、あきらめないで自ら希望の道を見出すことができるようにという祈りをもって彼女たちを支え、現状を変えていく努力がさまざまな女性たちによってされているのを、私は目の当たりにしました。

生きるうえで体験する苦しみ・悲しみというのは、さまざまにあります。それを乗り越えようとする人々が聖書に登場してきます。神様は、それらの人たちを顧みて生きる力を与え、そして豊かな恵みと祝福を与えてくださる、というメッセージが、たくさん聖書の中に込められています。そういう働きは神様だけに任せておけばいい、というものではありません。私たち自身が神様の業に参与するために何ができるかということが問われているのです。世界各地の、特に貧しい国々や、政情不安定な国々の女性たち、性差別の厳しい地域に生きる女性たちの現状は、長年の運動にもかかわらず、なかなか明るい希望が見出せません。

そして、日本国内では、東日本大震災によって被災された方々が計り知れないほどの大きな苦しみの中で生活し、そして将来に明るい希望を見出せない状況が続いています。遠く離れたところで自分に何ができるのか分かりませんが、とにかくまず苦しみ悲しみを持って生活している人々が、あきらめないで希望を見出すことができるように、神様が共にいて生きる力を与えてくださるよう祈りましょう。そして、多くの人々の祈りと願いが、現実の状況を少しずつ変えていく力になるように祈り求めていきましょう。

（二〇一一年七月二七日　今出川水曜チャペル・アワー奨励）

深読み聖書のおもしろさ

その後、この家の女主人である彼女の息子が病気にかかった。病状は非常に重く、ついに息を引き取った。彼女はエリヤに言った。「神の人よ、あなたはわたしにどんなかかわりがあるのでしょうか。あなたはわたしに罪を思い起こさせ、息子を死なせるために来られたのですか」。エリヤは、「あなたの息子をよこしなさい」と言って、彼女のふところから息子を受け取り、自分のいる階上の部屋に抱いて行って寝台に寝かせた。彼は主に向かって祈った。「主よ、わが神よ、あなたは、わたしが身を寄せているこのやもめにさえ災いをもたらし、その息子の命をお取りになるのですか」。彼は子供の上に三度身を重ねてから、また主に向かって祈った。「主よ、わが神よ、この子の命を元に返してください」。主は、エリヤの声に耳を傾け、その子の命を元にお返しになった。子供は生き返った。エリヤは、その子を連れて家の階上の部屋から降りて来て、母親に渡し、「見なさい。あなたの息子は生きている」と言った。女はエリヤに言った。「今わたしは分かりました。あなたはまことに神の人です。あなたの口にある主の言葉は真実です」。

（列王記上一七章一七―二四節）

それから間もなく、イエスはナインという町に行かれた。弟子たちや大勢の群衆も一緒であった。イエスが町の門に近づかれると、ちょうど、ある母親の一人息子が死んで、棺が担ぎ出されるところだった。その母親はやもめであって、町の人が大勢そばに付き添っていた。主はこの母親を見て、憐れに思い、「もう泣かなくともよい」と言われた。そして、近づいて棺に手を触れられると、担いでいる人たちは立ち止まった。イエスは、「若者よ、あなたに言う。起きなさい」と言われた。すると、死人は起き上がってものを言い始めた。イエスは息子をその母親にお返しになった。人々は皆恐れを抱き、神を賛美して、「大預言者が我々の間に現れた」と言い、また、「神はその民を心にかけてくださった」と言った。イエスについてのこの話は、ユダヤの全土と周りの地方一帯に広まった。　（ルカによる福音書七章一一―一七節）

兄弟たち、あなたがたにはっきり言います。わたしが告げ知らせた福音は、人によるものではありません。わたしはこの福音を人から受けたのでも教えられたのでもなく、イエス・キリストの啓示によって知らされたのです。
あなたがたは、わたしがかつてユダヤ教徒としてどのようにふるまっていたかを聞いています。わたしは、徹底的に神の教会を迫害し、滅ぼそうとしていました。また、先祖からの伝承を守るのに人一倍熱心で、同胞の間では同じ年ごろの多くの者よりもユダヤ教に徹しようとしていました。しかし、わたしを母の胎内にあるときから選び分け、恵みによって召し出してくださった神が、御心のままに、御子をわたしに示して、その福音を異邦人に告げ知らせるようにされたとき、わたしは、すぐ血肉に相談するようなことはせず、また、エルサレムに上って、わたしより先に使徒として召された人たちのもとに行くこともせず、アラビアに退いて、そこから再びダマスコに戻ったのでした。

それから三年後、ケファと知り合いになろうとしてエルサレムに上り、十五日間彼のもとに滞在しましたが、ほかの使徒にはだれにも会わず、ただ主の兄弟ヤコブにだけ会いました。わたしがこのように書いていることは、神の御前で断言しますが、うそをついているのではありません。その後、わたしはシリアおよびキリキアの地方へ行きました。キリストに結ばれているユダヤの諸教会の人々とは、顔見知りではありませんでした。ただ彼らは、「かつて我々を迫害した者が、あの当時滅ぼそうとしていた信仰を、今は福音として告げ知らせている」と聞いて、わたしのことで神をほめたたえておりました。

（ガラテヤの信徒への手紙一章一一―二四節）

「深読み」と「浅読み」

春学期の講義期間も、終わりに近づいてきました。学生の皆さんは、今学期それぞれに充実した学びができたでしょうか。しっかりと復習して、学びの実りを確かなものにして期末を迎えられるように努めましょう。

さて、私は「キリスト教とは何か1」という科目を三クラス担当しておりまして、旧約聖書のさまざまな物語や言葉に込められたメッセージを読み解きながら、キリスト教信仰のルーツを探求していくための講義をしています。受講生の皆さんにはいつも授業が終わるごとにコメントを記述して提出してもらっていますが、春学期の後半に入ってから、こんなコメントが多くなってきました。例えば、「最近、聖書に対するイメージがどんどん変わってきています。旧約聖書は不思議な話でできていると思っていたけれど、今の世界にも響く記述があることを知り、考えを改めました」。「私は聖書のことをまったく知らなかったのですが、毎週聖書の物語を聞いたり、本を読んだりしていると、聖書に出てくる物語は面白くて、その上何か深い意味を持っていて、考えさせられるなあと思います」。「私は最近、他の童話とか物語を読んだ時にも、キリスト教的要素が込められていることに気がつき始めました」等々。

私は、こんなコメントを受け取ると、正直とても嬉しいです。授業を一生懸命やってきてよかったな、と思わされる瞬間です。こういうふうに聖書の深い意味を読み取ることができ始めた学生たちがいる、その一方で、相変わらず聖書を表面的に浅く読むことしかできない人も、実は結構たくさんいることも知っています。「深読み聖書の面白さ」の反対は、「浅読み聖書のつまらなさ」です。

同じように授業を受けていても、そういう違いは自然と出てくるのです。それはおそらく私の聖書解釈の話を聞きながら、受講生自身が自分の想像力を働かせて考えているか、いないかの違いだろうと思います。聖書という書物は、今から三〇〇〇年から二〇〇〇年前から文書伝承されてきたものですから、そのまま表面的に読んだだけでは分からないことだらけでつまらない、と感じても無理ないと思います。けれど、そこには古代から語り伝えられてきた非常に重要なメッセージが隠されているのですから、ぜひ自分の頭で考えながらそのメッセージの意味を読み取ることができるようになってほしいと思います。深い意味を感じられるようになってほしいと願っています。

死と再生の二つの物語

さて、今日の聖書は、旧約聖書一カ所、新約聖書二カ所です。チャペル・アワーでの奨励の場合は、取り上げる聖書箇所は一カ所のことが多いです。しかし、教会の礼拝では（どの教派かによっても違いますが）、教会暦によって聖書日課というのが決められていて、説教の前に、その日の旧約聖書、使徒書、福音書、の三カ所を読む場合がありす。これは聖書全体（旧約・新約）にちりばめられたメッセージの深い意味を読み取るために三カ所あげられているのです。つまり、教会では、学校での授業とは異なる方法で、聖書に示されている深い意味を思い起こすことを大切にして礼拝をしているのです。これは「深読み聖書」のいわば中級編と言っていいかもしれません。今日の聖書のお話は、現代に生きる私たちにとって、最も理解しにくい、死と再生の物語を取り上げます。

「イエスは、『若者よ、あなたに言う。起きなさい』と言われた」（ルカ七・一四）。

このルカによる福音書の箇所は、一度死んだ若者がイエスによって生き返るという奇跡物語です。そして旧約聖書の列王記上一七章一七—二四節には、預言者エリヤによる死と再生の物語があります。この二つはよく似ています。どちらも死んで生き返ったのは、やもめの息子です。「やもめ」というのは、夫を失った女性、未亡人のことですから、当時においては大変悲惨な境遇で暮らしていたはずです。そして、そのために「神から見捨てられた民」を象徴する存在でもありました。

この旧約聖書の列王記と新約聖書のルカによる福音書の二つの物語を比べてみますと、少しずつ違うところがあります。列王記では、エリヤと母親との関わりについて語られています。彼女は飢饉によって食料がわずかしか残っていなかったにもかかわらず、エリヤの言葉を信じて、彼に食料を差し出した。それだけ、深い信仰を持っていた女性です。そして息子が重い病気になって、息を引き取ってしまった。夫だけでなくさらに息子までも失ってしまった、その女性の深い悲しみに満ちた訴えに答えて、エリヤは、子どもの上に三度自分の体を重ねて、神に祈ります。こうして、息子を生き返らせ、母親に渡します。

「見なさい。あなたの息子は生きている」（王上一七・二三）。

ルカによる福音書を編集した人は、この旧約のエリヤの物語を知っていたはずです。それでこれを用いて、イエスも神から遣わされた預言者であり、しかも預言者エリヤよりも偉大な「大預言者」であることを人々に伝えようとしたのではないか、と考えられています。

ルカによる福音書では、イエスは悲しむ母親に「もう泣かなくともよい」と告げて、棺に手を触れ、「若者よ、あなたに言う。起きなさい」と言う。すると、死人が起き上がってものを言い始めた、そして母親にお返しになった、と記されています。エリヤが全身を使ったのに比べ、イエスは手を触れただけで息子が生き返った、とされています。

死と再生――使徒パウロの場合

死と再生の物語は、二〇〇〇年前には、イエスこそ神の子、救い主だ、というメッセージを人々に知らせるために、ふさわしい話だったのかもしれません。しかし、このような物語を今そのまま語ってみても、現代人には単なるおとぎ話でしかありません。神信仰を持たない人が、最初に聖書につまずくのがこのような奇跡物語です。実際にそんなことはあり得ない、そんな嘘は信じないという気持ちになるのは当然のことです。しかし、そこにどんなメッセージが隠されているのか、考えてみましょう。

人の生涯の長い道のりを振り返ってみると、肉体的な死とは異なる意味での「死と再生」が何度も繰り返されて、今があることに気づかされます。ある出来事をきっかけとして、それまでの自分から脱皮して、新たな自分に生まれ変わる、そういう道をいつのまにか歩んでいた、ということがあります。

ガラテヤの信徒への手紙を書いた使徒パウロは、もともとはユダヤ教徒であってキリスト教徒を迫害してきた人でした。それが、復活のキリストと出会って、それまでの迫害者としての自分に死んで、まったく逆にキリストの福音を伝える者として再生し、新たな人生を歩んだのです。

パウロ自身が手紙に書いています。

「わたしは、ユダヤ教徒として、徹底的に神の教会を迫害し、滅ぼそうとしていた。しかし神が、御子イエス・キリストをわたしに示してくださって、福音を異邦人に告げ知らせるようにされたとき、わたしは血肉（つまり家族）に相談しなかった」。

パウロのこのときの年齢はよく分かりませんが、まだ若かったのではないかと思われます。彼の劇的な変化を、両親はどのように思ったでしょうか。聖書には全然書かれていないのですが、想像してみてください。パウロは、ユダヤ教の高名な律法学者のもとで学んでいた、そしてローマの市民権も持っていた、ユダヤ教徒の中でもいわばエリートの階層の家柄だったはずです。彼の周りの人々も親たちも、彼の将来に大いに期待をしていたでしょう。ところが、あろうことか、これまで迫害してきたキリスト教徒の仲間入りをしただけでなく、その福音を自ら人々に宣べ伝える活動を始めてしまった。もちろん家族に何の相談もなくです。パウロの親からすれば、大切な息子を失ってしまったような出来事だったのではないでしょうか。それは深い失望と悲しみを引き起こしたでしょう。

それでもパウロは、神からの「召命」、神の呼び出しに従って、迫害者の自分に死んで、福音宣教者としての使命を全うする新たな再生の道を歩んだのです。

イエスと家族の場合

イエスご自身は、どうだったでしょうか。バプテスマのヨハネから洗礼を受ける前のことは聖書には書いていないのですが、おそらく母マリアの長男として、一家の経済を支える仕事をし、兄弟姉妹を養っていたのかもしれません。それがしばらく家族の前からいなくなった後に、「神の子、メシア」と言われるような活動をするようになっていた。昔の「息子イエス」ではなかったのです。

母マリアが兄弟と一緒に、息子のイエスを訪ねていったときのことが聖書に書かれていますが、そのときイエスは「私の母、私の兄弟とは誰か。神の御心を行う人が私の兄弟、また母である」という非常に冷たい言葉を発しています。マリアの息子であり長男であった自分に死んで、神から派遣された「救い主」としてその使命を全うする。イエスの死と再生は、そこにまず起こっていたと言えるのではないでしょうか。もちろん家族はまったく理解できなかったでしょう。ショックだったと思います。

しかし、イエスの死後、母マリアと兄弟たちが弟子たちと共に熱心に祈っていた、という記述が使徒言行録にあります。ですから、この家族たちは、息子であり長男であったイエスが失われたことに戸惑い、悩んだ時期があったはずですが、少しずつ神の子、救い主としての使命を果たそうとしたイエスを理解するようになって、彼ら自身が新たに生まれ変わり、イエス・キリストを信じて、新しい命を生きることになったのではないでしょうか。

新島が自分の道を見出した時

若者は、悩んでいます。今も昔も、自分の生きるべき道を探して葛藤しています。特に、親たちの期待と失望に戸惑いながら、どうしたらいいのだろうかと悩んでいます。皆さんはどうでしょうか。

同志社の創立者「新島襄」は、まさにそのような青年時代に聖書に出会っています。

彼の父は、安中藩の藩士で「祐筆」という今でいう書記のような仕事をしていて、息子にその仕事を継いでほしいと期待していたようです。

新島は、二〇歳ぐらいの頃友人から借りた聖書の言葉を抜粋した小さな冊子を読んで、「神」を知ったと言います。「私を造ったのは誰か。父か、母か、いや天の父なのだ」。そして、両親が悲しむだろうと思って家出をためらっていたのですが、こう考えます。「私は両親から生まれ育てられたが、本当は私は天の父のものである。それゆえ私は天の父の道を進まなくてはならない」。そして、国外脱出のための船を探し始めるのです。まだキリシタン禁制の鎖国時代の話です。許されるはずのないことで、見つかれば殺されていたでしょう。しかし、多くの人の助けを受けて、新島は一〇年後に牧師として日本に戻ってきました。

両親からすれば、死んだも同然と思っていた息子が帰ってきて、さぞ喜んだことだろうと思います。新島は、侍だった自分に死んで、自由な精神とキリスト教信仰を持つ牧師として新たに再生したのです。

人の生涯の中に起こる「死と再生」

人間の生涯においては、どんな人にも小さな死と再生の出来事が起こります。たとえ劇的な変貌を遂げることがなかったとしても、また変わりたいと願ったわけでなくても、それは起こってきます。ときには、それは家族にとって、また本人にとっても深い苦しみ、悲しみ、悩みを伴う出来事かもしれません。しかし、後から思い返してみると、神の導きによって、豊かに成長するためだったと気づかされることもあるのではないでしょうか。

聖書には、神からの呼び出しに応答して自分の道を歩み始めた人物の物語がたくさんあります。旧約聖書では、アブラハム、モーセ、エリヤなどの預言者や、ダビデ、ソロモンなどのイスラエルの王たち、新約聖書では、イエスや弟子たち、使徒パウロなどです。

彼らは神の導きに従って、神によって示された真理を探求し、この世でなすべき使命を果たそうとします。神の声に耳を傾けつつ、自分自身の生きる道、真実の生きる意味を見出そうとする者たちの上に起こってくる死と再生があります。それに伴う苦しみの意味を、私たちはすぐには理解できないのです。しかし、深い苦しみ、悲しみのときにこそ、神は共にいてくださいます。そのことを聖書はさまざまな物語を通して、語り伝えてくれています。

「若者よ、あなたに言う。
起きなさい」

今、大学で学んでいる皆さんの多くは、自分の道を探し求める苦しさを一番感じるときを生きているのではないでしょうか。

主イエス・キリストが、真実に私たちを眠りから目覚めさせてくださる方であり、生き生きとした新たな命を与えてくださる方であることを、聖書を通して皆さんと多くの若い人たちが知ることができるように願っています。主なる神が私たちと共にいて守り導き、真実に目覚めさせてくださるように、そして、一人ひとりが生き生きと自分の道を見出していけるように、祈り求めていきましょう。

（二〇一三年七月一〇日　京田辺水曜チャペル・アワー奨励）

八重と裏のクリスチャンライフ

「しかし、わたしの言葉を聞いているあなたがたに言っておく。敵を愛し、あなたがたを憎む者に親切にしなさい。悪口を言う者に祝福を祈り、あなたがたを侮辱する者のために祈りなさい。あなたの頬を打つ者には、もう一方の頬をも向けなさい。上着を奪い取る者には、下着をも拒んではならない。求める者には、だれにでも与えなさい。あなたの持ち物を奪う者から取り返そうとしてはならない。人にしてもらいたいと思うことを、人にもしなさい。自分を愛してくれる人を愛したところで、あなたがたにどんな恵みがあろうか。罪人でも、愛してくれる人を愛している。また、自分によくしてくれる人に善いことをしたところで、どんな恵みがあろうか。罪人でも同じことをしている。……」。

（ルカによる福音書六章二七―三三節）

「八重はハンサムウーマンであったと同時に、生涯『闘う女』であった」。坂本清音先生が、『新島襄ハンサムな女傑の生涯』という本の中に書いておられる一文です。NHKの大河ドラマの『八重の桜』では、今ちょうど戊辰戦争の最中の場面が続いていて、八重さんが鉄砲を持って果敢に敵と闘っている姿が見られます。

実際あの通りの姿だったかは分かりませんが、鳥羽伏見の戦いで命を落とした弟・三郎の服を着て闘ったということも、籠城している間に髪を短く切って男性と同じような格好をして闘ったということも事実だそうです。そして、彼女は城から出て敵側の陣営に夜襲をかけたというのですから、本当に男性と同じくというより、自ら先頭に立って闘っていた女性だったのです。強い精神力と鋭い洞察力と積極的な行動力を持った女性だったのでしょう。しかし、残念ながらこの戦いには負けてしまいました。八重は生き残りましたが、父・権八は戦死しました。とても悔しく悲しい敗戦となりました。

この敗戦の後、時代は明治に移っていきます。そして三年後、兄の山本覚馬が京都で生きていることを知って、八重は母と姪と一緒に京都にやってきて、そこからまた別の「闘い」が始まります。京都の人から、会津から出て来た田舎者だと蔑まれ、嫌がらせを受けたでしょう。しかし、それにも負けず、日本の近代化に向けて頑張っている兄から影響を受けて英語を勉強し、宣教師から聖書を学ぶようになり、新島襄と出会って婚約して、新たな人生を歩んでいくことになりました。その約二カ月後に同志社英学校が開校しています。一八七五年のことです。

彼女は翌年、結婚式前日に洗礼を受けてクリスチャンになりました。同年秋には、八重は女性の宣教師と一緒に女子塾を始めます。しかし、後にアメリカ人宣教師と意見が対立してしまいます。彼女は自分の意見をしっかり持って、他の人にもはっきり主張する、当時としては珍しい日本女性だったようです。おそらく、意見の異なる人の話も聞いてじっくり考えるというタイプではなかったのでしょう。だから、「烈婦」だとか「女丈夫」とか悪口を言われて嫌がらせを受けました。

そういう状況の中でも、彼女は強い精神力を持って自分の道を歩むのです。新島襄は、この八重の気の強さ、強情な性格にかなり手を焼いて悩んでいたようです。ある人に襄はこう言っています。

「なぜ神がこんなに反対の性格の人間を夫婦にしたかと考えさせるほど、性格においても相反していることを後になって発見して悩むことがある。しかし、これも神が各々の性格を磨かせるためになさった御手のわざだから、ますますお互いに忍耐しなくてはいけない」。

実は、八重の証言によると、襄は結構気が短くて怒りっぽい人だったそうです。そして、「しかし、どんなに怒っても、直ちに自制してしまうのは、真似のできないところでありました」と語っているのです。

さて、今日の聖書の箇所ですが、イエスが「敵を愛しなさい」と教えているところです。「憎む者に親切にしなさい。悪口を言う者に祝福を祈り、あなたがたを侮辱する者のために祈りなさい」と書いてあるのですが、こんなことなかなかできませんよね。当時、イエスのことを待ち望んだ救い主だと信じる民衆が多くいた一方で、イエスを憎み、悪口を言い、侮辱する人々もたくさんいたはずです。イエスもそれに対して怒りの感情を持ったことは何度もあっただろうと思います。しかし、怒りの感情を抑えながら、考えの異なる律法学者たちと繰り返し論争し対話していたと思われます。

この聖書の言葉はとても大切で有名な箇所ですから、襄も八重も読んでよく知っていたはずです。襄はこの言葉を心に留めながら自分の怒りの感情を抑えて、忍耐しながらどういう方法があるか考える、そういうふうに自分の性格を磨いていたのでしょう。だから新島に出会った人々は皆、彼の品性に感心していたのです。

一方、八重はどうだったでしょうか。襄の自制心について「真似のできないところ」だったと語っていますから、大事なことだということは頭で分かっていても、実行するのは難しかったようです。

こんなエピソードがあります。お正月に新島邸に男女の学生たちが集まって、毎年か

る た取りをして一日中遊ぶのが習慣になっていたのですが、当初その集まりに、薩摩出身の学生を呼ばなかったのです。これはもちろん、八重の会津での悲惨な戦争体験が原因です。その学生自身が戦争に加わっていたわけではないのに、薩摩出身というだけでどうしても許せない敵側の人間ということで、受け入れられなかったのでしょう。これに対して、襄は「もっと寛容な心を持って学生たちを受け入れてほしい」と説得して、ようやく八重は薩摩出身の学生も新島邸に迎え入れたそうです。

皆さんも、誰かに対して、絶対許せないとか、嫌いだとか、受け入れない、怒りを感じる、ということがあるだろうと思います。そういう感情は、クリスチャンであるとかないとか関係なく、そのときどきで自然に出てくる感情です。私もどちらかというと八重タイプの性格なので、自分の意見は他の人と違っていてもはっきり言いますし、これは許せないことだと思うと怒りの感情が出て頭がカッとしたりします。

けれど、そういう時に、この聖書の言葉があったな、ということを思い出すのです。「憎む者に親切に」なんてできないと思いますけれど、少し時間をおいて、自分の感情を整えて落ち着いてから次の行動を考える、というきっかけをこの言葉が作ってくれているのは確かです。八重も襄も、聖書からそういう学びをしていたのではないでしょうか。

山室軍平は、八重の葬儀で、襄と八重のことをこのように語りました。「先生は君子、夫人は女丈夫であった。この二人が知り合い、信じ合い、許し合い、助け合い、また愛し合って、一つとなって神と人とへの奉仕に励まれたのは、世にも美しいことと言わねばなりません」。

皆さんも、「敵を愛しなさい」という聖書の言葉をいつも心に覚えて、自分の性格と品性を磨いて、逞しく美しい人生を歩んでください。

（二〇一三年七月一二日　京田辺金曜チャペルアワー奨励）

一本の木を水に投げ込む

モーセはイスラエルを、葦の海から旅立たせた。彼らはシュルの荒れ野に向かって、荒れ野を三日の間進んだが、水を得なかった。マラに着いたが、そこの水は苦くて飲むことができなかった。こういうわけで、そこの名はマラ（苦い）と呼ばれた。民はモーセに向かって、「何を飲んだらよいのか」と不平を言った。モーセが主に向かって叫ぶと、主は彼に一本の木を示された。その木を水に投げ込むと、水は甘くなった。

その所で主は彼に掟と法とを与えられ、またその所で彼を試みて、言われた。

「もしあなたが、あなたの神、主の声に必ず聞き従い、彼の目にかなう正しいことを行い、彼の命令に耳を傾け、すべての掟を守るならば、わたしがエジプト人に下した病をあなたには下さない。わたしはあなたをいやす主である」。

彼らがエリムに着くと、そこには十二の泉があり、七十本のなつめやしが茂っていた。その泉のほとりに彼らは宿営した。
（出エジプト記一五章二二―二七節）

一八七五（明治八）年、今から一四〇年前の一一月二九日、朝八時からの礼拝によって、私たちの学園、同志社の歩みは始まりました。新島襄が、アメリカでの一〇年間の生活を経て抱き続けた願いと祈りが、多くの人々の支援によってようやく目に見える形となった瞬間でした。

しかし、当時の日本はキリシタン禁制の高札が撤去されてから間もない時期であり、地元京都の人々からは警戒され、京都府からは学校内でキリスト教の教育を行わないようにと要請されていました。そのことについて新島は手紙で次のように書いています。「しかし、何としてでもキリスト教は教えます。もしキリスト教の信仰を教えることができない立場に追い込まれるならば、キリスト教の真理を教えます。私たちは瓶の中のドングリのようなものです。遅かれ早かれ、大きく育って瓶を破裂させます」。

この新島の言葉には、どんな逆境にも耐えて使命を果たす、という決意が込められています。そののち彼は、学校の近くに私費で空き家を購入し、そこで学生たちに聖書の講義を行いました。それが最初の神学館となりました。

旧約聖書によれば、モーセは神から使命を与えられ、イスラエルの民をエジプトでの抑圧から導き出しました。しかし、エジプトを出発する前も、そして出発した後も、彼はさまざまな困難な問題に立ち向かわねばなりませんでした。モーセと人々は、砂漠地帯の荒れ野を三日間進んだが水を得ることができなかった。マラというところに着いて、やっと水があった、と思ったらその水は苦くて飲めなかった、とあります。

新島は、このモーセと同じく、同志社を創立する前も、そして創立した後も、さまざまな困難な問題に繰り返し直面していました。

神は、モーセに一本の木を示され、彼がその木を水に投げ込むと、水は甘くなったとあります。明治初期の日本にしかも京都に、キリスト教の学校を設立すること、それは未だキリスト教の真理が知られていない荒れ野のような日本という「マラの苦い水」に、一本の木を投げ込むこと、であったのかもしれません。

一八八五（明治一八）年一二月一八日、この同志社礼拝堂の定礎式が行われました。その時に新島は、こう演説しました。

「それゆえ、わが同志社の教育もまことにキリスト教と密接な関係を有するものである。こうしてこの定礎式を行い、この建物を神に献げるのは、行く末大いに喜ぶべきことであると思う。なぜならば、このチャペルはわが同志社の基礎となり精神となるものだからである。西洋諸国の学校は、宗教が教育にとって不可欠であることを認識し、宗教を尊重しているのであるが、わが日本ではまだそうはなっていない。キリスト教を蔑視するのが学生の常である。わが同志社にもこの宗教を嫌うものがいないわけではない。それでも、今日このチャペルを神に献げることができるのは、まことに進歩を表しているというべきである。また今日の情勢を見るならば、このチャペルはまことにわが日本に対しても大いに関係があるものと信じている」。

このチャペルもまた、新島が祈りと希望を込めて、苦い水の中に投げ込んだ一本の木であったと言えるのではないでしょうか。

一八八九（明治二二）年六月、新島が亡くなる半年ほど前、同志社英学校の卒業式において、新島は、この出エジプト記の「マラの苦い水」の物語を引用して式辞を述べています。

「諸君が、我が校で得たキリスト教主義をもって社会に出たならば、必ず困難な問題に直面するだろう。それは忍びがたいことだが、しかし、諸君は、枝を折るのである。苦水につかるのである」。

そう言って、涙を流して卒業生を激励しました。この一八八九年には、大日本帝国憲法が発布され、森有礼が国粋主義者に暗殺され、かつての欧化主義から国家主義へと大きく日本の潮流が変わっていった時期でもあります。新島は、日本という「マラの苦い水」の中で、神からの一本の木としての働きをすることを、卒業生にも期待し、なおかつそれに伴う苦難を思って、涙ながらに彼らを社会に送り出したのです。

それから一二六年が経ちました。時代は移り、社会の状況も変わりましたが、キリスト教学校で働く私たちの前には、さまざまなマラの苦い水が今も横たわっています。

私は、教壇に立って、一、二回生の多いクラスで、聖書に基づいてキリスト教とは何かを学ぶ授業を担当しております。最初は、宗教への関心も理解もなく、宗教が存在する意義すら認めない、いわば宗教アレルギーのような疑念をもつ学生がたくさんおります。しかし、学びを進めるうちに、少しずつ聖書の言葉に秘められたメッセージの深い意味を知り、それによって自らの生き方、考え方を見つめ直すことができる学生も出てまいります。そのように成長していく学生の姿に希望を持ちながら、私は苦水に対する一本の木として、学生たちに語り続けております。

キリスト教学校を運営する皆さんの前にも、さまざまなマラの苦い水が、数多く横たわっているのではないでしょうか。苦い水は、簡単には甘くはなりません。それでも、神に示された一本の木を、その水に投げ込んで、私たちに託された使命を、それぞれに果たしてまいりましょう。

主が、私たちといつも共にいてくださいますように。アーメン。

（二〇一五年一一月一四日　同志社大学礼拝堂でのキリスト教学校教育同盟代表者会礼拝）

憎しみという贈り物はあげない

「あなたがたも聞いているとおり、『目には目を、歯には歯を』と命じられている。しかし、わたしは言っておく。悪人に手向かってはならない。だれかがあなたの右の頬を打つなら、左の頬をも向けなさい。あなたを訴えて下着を取ろうとする者には、上着をも取らせなさい。だれかが、一ミリオン行くように強いるなら、一緒に二ミリオン行きなさい。求める者には与えなさい。あなたから借りようとする者に、背を向けてはならない」。

「あなたがたも聞いているとおり、『隣人を愛し、敵を憎め』と命じられている。しかし、わたしは言っておく。敵を愛し、自分を迫害する者のために祈りなさい。あなたがたの天の父の子となるためである。父は悪人にも善人にも太陽を昇らせ、正しい者にも正しくない者にも雨を降らせてくださるからである。自分を愛してくれる人を愛したところで、あなたがたにどんな報いがあろうか。徴税人でも、同じことをしているではないか。自分の兄弟にだけ挨拶したところで、どんな優れたことをしたことになろうか。異邦人でさえ、同じことをしているではないか。だから、あなたがたの天の父が完全であられるように、あなたがたも完全な者となりなさい」。
（マタイによる福音書五章三八―四八節）

クリスマス・プレゼントの思い出

クリスマスが近づいてくると、皆さんはどんな気持ちになるでしょうか。何となくワクワクしますか。楽しい何かがクリスマスにはあるかもしれない、という気持ちでしょうか。大人になってからは、だんだんクリスマスを待つ楽しさは感じなくなっているのですが、それでも子どもの頃のクリスマス前の何となくワクワクする気持ちを、思い出す時期ではあります。

私の父親は牧師でしたので、忙しくてあまり子どもの私にかまってくれませんでした。母親も牧師夫人として忙しいですし、クリスマス前は特に忙しいので、親からクリスマス・プレゼントをもらった記憶はほとんどありません。私が忘れてしまっただけなのかもしれませんから、今頃天国から私の話を聞いて「プレゼントあげたのに」と言って怒っているかもしれません。

唯一覚えているのが、クリスマスの日の朝起きたら枕元に奇麗な表紙のお絵描き帳がリボンをかけて置いてあったことです。まだ小学生の頃だったのですが、その一瞬だけ「サンタクロースが来たんだ」と心の中で感じたのです。でもその次の瞬間に、「あっ、お母さんだな」と気がつきました。もともと疑い深く可愛くない子どもだった私は、教会にやってくるサンタクロースが本物でないことは、かなり幼い頃から知っていたのです。

それでもあのとき、「私のところにサンタクロースが来てくれたんだ」と感じた一瞬の感動で胸が熱くなる経験というのは、一種の宗教体験と言ってもいいくらい、私にとっては大切な思い出です。小さい頃に自分が確かに愛されていたという一つの記憶として、くっきりはっきり心に刻まれているのです。

私は一一年前に父を天国に見送り、今年の春に母を見送りました。両親とは、もうこの地上では会えないのですが、愛して育ててくれたその確かな手応えは、私の心の中にしっかりとあります。それが私の生きる力になっていることを感じることができるのです。

皆さんは、どんなクリスマス体験をしているのでしょうか。もし皆さんが将来結婚して子どもが生まれて親になったら、どんな贈り物を、どういうふうに子どもに、または愛する家族にあげるのでしょうか。金額ではなく、その心が大切です。生きる力を子どもたちや愛する人に与えるプレゼント。それが一番大切なプレゼントなのではないかと思います。

子どもにあげたい大切なプレゼント

一一月一三日に、パリで同時多発テロ事件が起きました。この事件で一三〇名の人々が突然命を奪われました。サッカーのスタジアムで、レストランや飲食店で、劇場で、たまたまそこにいた人々が犠牲となり、負傷者も多数出ました。どうしてこんなことが起こったのか、平和であった日常が一変してしまった出来事に、世界中の人々が驚き、恐怖を抱きました。

この事件で妻を失ったフランス人のジャーナリスト、アントワーヌ・レリスさんがフェイスブックに、実行犯へのメッセージを投稿しました。その中に「憎しみという贈り物はあげない」という言葉がありました。このメッセージを一部ご紹介します。

「金曜の夜、君たちは素晴らしい人の命を奪った。私の最愛の人であり、息子の母親だった。でも君たちを憎むつもりはない。君たちが誰かも知らないし、知りたくもない。

君たちは死んだ魂だ。君たちは、神の名において無差別な殺戮《さつりく》をした。もし神が自らの姿に似せて我々人間をつくったのだとしたら、妻の体に撃ち込まれた銃弾の一つひとつは神の心の傷となっているだろう。

だから、決して君たちに憎しみという贈り物はあげない。君たちの望み通りに怒りで応じることは、君たちと同じ無知に屈することになる」（二〇一五年一一月二〇日　朝日新聞デジタル　http://www.asahi.com/articles/ASHCM73BSHCMUHBI033.html）。

彼の息子は一歳五カ月だそうです。愛する妻の命を奪われて、息子と二人だけになってしまったこの人が、殺人者に怒りや憎しみを感じないわけがない、と思うのは私だけではないだろうと思います。

しかし、この人は、妻の死という事実に直面して間もなく、このメッセージを投稿しているのです。この人の心からの叫びであり、心の闘いの宣言であり、そしてまた幼い息子への愛の証でもあったのではないか、と感じました。「怒りで応じることは、君たちと同じ無知に屈すること」という「無知」というのは、本当の意味での真実の愛と自由と平和の素晴らしさを知らないという意味なのではないでしょうか。

テロリストは、怒りと憎しみから無差別殺人を行うことによって、さらに大きな怒りと憎しみと不安と恐怖の波紋を、世界の人々の間に広げていこうとする。それは、どんな理由があっても、意味のない死んだ魂のなせるわざである。だから、彼らが望むような怒りと憎しみに翻弄されないように、自分と息子は愛と自由と平和のうちに暮らしていくのだ、と宣戦布告しているのです。メッセージの後半の部分で彼はこう語っています。

「私と息子は二人になった。でも世界中の軍隊よりも強い。……彼は生後一七カ月で、いつものようにおやつを食べ、私たちはいつものように遊ぶ。そして、幼い彼の人生が幸せで自由であり続けることが君たちを辱めるだろう。彼の憎しみを勝ち取ることもないのだから」。

私はこれを読んで、すぐに「これがイエス・キリストがこの世に来られたことの意味なのだ」と感じました。「キリストの平和」というのは、こういうことだと思いました。抵抗しがたいような暴力や、恐怖をもたせる武力によって支配を広げようとする人間が、この世界にはどの時代にも存在しています。そういう存在に対して、同じような武力や暴力で応戦するのではなく、愛と平和を大切にする関係を実践し、それを守っていく生き方によって戦うのです。

それが、イエス・キリストの生涯でしたし、そのための十字架上の死でした。レリスさんは、そのキリストの十字架の上に、自分の怒りと憎しみを押し殺して、息子を愛と自由と平和に導こうとしているのでしょう。これは、自分の息子に生きる力を与える父親からのラブレター、愛する息子への真実のプレゼントだと言えるのではないか、と私は思います。

愛と自由と平和を

こういうテロ事件が今年は続いて起きました。世界のどこで次のテロが起こるか分からない、という不安と恐怖が広がっています。なぜこのようなことが起こってしまうのか、さまざまな分析がなされています。単なる宗教間の対立では説明できません。人間は、やってはいけないはずの戦争や殺戮を正当化するために、宗教を利用してきた歴史をもっていることを忘れてはいけません。そして、今回のテロ実行犯の多くが、欧米で生まれ育った若者たちだ、ということも忘れてはいけない事実です。

パリ同時多発テロの実行犯の多くは、ベルギーやフランスで生まれ育った若者だったそうです。このテロの首謀者とされているアブデルアミド・アバウドは、ベルギーの首都ブリュッセルのモランベーク地区で育ち、中流家庭の子どもが通学するカトリック系の名門中学校に通っていたそうです。ということは、聖書やキリスト教について学んだこともあったのではないでしょうか。元同級生は、アバウドのことを「冗談好きで、クラスでも目立つおもしろいやつ」だったと言っています。けれど、盗みを繰り返すようになって退学処分になり、その後、窃盗などで刑務所に服役するようになった。何がきっかけでそうなったのかは分かりませんが、小さなきっかけで道を踏み外していった非行少年の一人だったようです。多くの人を動かす何かカリスマ的な力をもつ人物ではなさそうなのです。

この地区で若者の対策に携わっている人はこう分析しています。

「テロは彼らにとって反社会的な行為、『非行』の一つに過ぎなかった。今回のテロは、宗教というより、そもそも自分が何者であるかという若者の意識の崩壊の問題だ」。

アバウドの父親はモロッコ系の移民で、子どもたちはベルギー生まれ。そういう移民の子どもが多いこの地域の若者の失業率は四割を超えるそうです。モロッコで生活したこともないのでモロッコ人としてのアイデンティティはもてない、そしてベルギーで生まれ育っても差別や格差に直面し、仕事に就けない。そういう状況に置かれた若者たちの社会に対する憎しみを絡めとって、テロにつなぐネットワークが存在しているという現実があるのです。

テロ実行犯となってしまった若者たちが、もし子どもの時に愛と自由と平和を感じられる社会や人間関係の中で育っていればどうだったのだろうか、と想像します。愛と自由と平和の尊さを信じ、希望と夢を持つことができれば、テロリストにはなっていなかったのではないでしょうか。若者が自分が何者であるかという意識を自分のものにしていく、そしてどう生きていくべきかを知る道を備えていくこと。それがいかに重要であるかを、私は改めて考えさせられました。

そのために、私たちは教育環境を整え、社会での差別や格差をなくしていくという課題を常に意識して、本当の意味での愛と自由と平和の尊さを伝え、そしてそれをいつも求めていかなくてはならないのです。

闇を照らす光として

今日の聖書箇所は、「復讐してはならない」「敵を愛しなさい」という有名な箇所です。普通に読むと、右の頬を打たれたら、やり返さずに左の頬を向けなさい、なんてとてもできない、と感じてしまう箇所です。でも、あのメッセージを書いたレリスさんは、それをしています。そうすることの大切な意味をしっかり知っているからです。愛と自由と平和の意味を知っているからです。

敵を愛することは難しいです。ですが、憎しみと怒りで応じてしまうと、その連鎖が繰り返されてしまいます。その負の連鎖を、愛によって断ち切るために、キリストはこの世に来られ、闇を照らす光となり、十字架の死を通して、人々の心の中に復活されました。

平和でないこの世に、平和をもたらすために来られたイエス・キリストです。そのキリストが私たちの心を守り導いて、愛と自由と平和が実現されるように、悲しみ苦しみの中にある人々と共に祈り求めていきましょう。

（二〇一五年一二月九日　京田辺水曜チャペル・アワー、アドベント礼拝奨励）

私の居場所はどこかしら

「求めなさい。そうすれば、与えられる。探しなさい。そうすれば、見つかる。門をたたきなさい。そうすれば、開かれる。だれでも、求める者は受け、探す者は見つけ、門をたたく者には開かれる。あなたがたのだれが、パンを欲しがる自分の子供に、石を与えるだろうか。魚を欲しがるのに、蛇を与えるだろうか。このように、あなたがたは悪い者でありながらも、自分の子供には良い物を与えることを知っている。まして、あなたがたの天の父は、求める者に良い物をくださるにちがいない。だから、人にしてもらいたいと思うことは何でも、あなたがたも人にしなさい。これこそ律法と預言者である」。

（マタイによる福音書七章七―一二節）

新年度の新生活の始まり

新年度春学期最初の水曜チャペルアワーです。四月の最初というのは、新年度のスタートですから、それに伴って新生活を始めているという状況にある人々はたくさんいます。この場所に集まった皆さんの中にも、この四月からまったく新たな環境で大学生活を始めたという人もいるでしょう。大学では、新入生であれ在学生であれ、まず新年度が始まる前に自分がどのクラスの授業を履修するか選んで登録しなくてはいけません。皆さん無事に履修登録手続きができたでしょうか。授業の内容は、シラバスを見て先輩や友人から情報を得て考えた人が多いでしょうが、実際のところは受講してみないとわからないですね。でも、自分が考えて選んだのですから、どうなるのかなと思いながらも、とりあえずできるだけ頑張ってそこで勉強して、忍耐力を養ってください。

自分の受講クラスを決めるということも、自分の新たな居場所を探す作業の一つと言えるだろう、と私は思います。この広い大学キャンパスの中で、自分がどの教室に行って何を学ぶのかを探して決める。それは大学という組織が高等教育を行うために、学生の皆さんに準備している「居場所」になるわけです。たくさん与えられているプログラムの中から、学生の皆さんが選ぶことができる「居場所」です。

もう一つは、クラブやサークルの中に自分の居場所を見つけたい、という人も多いでしょう。在校生たちも自分のサークルに新入生を勧誘するのに一生懸命になっています。

やってみたいと思うことを先輩や仲間と楽しく自由にやって、多くの友人ができれば、学生時代がますます楽しく充実したものになり、自分も成長できるでしょう。そこでの豊かな人間関係によって、さら新たな自分の居場所を見出すことができるのではないでしょうか。

私にとって「居場所」とは

「居場所」という言葉が一般的に使われるようになったのは、少し調べてみますと、約二〇年ほど前からのようです。それ以前は今のようによく使われる言葉ではなかったと思います。もともとは、不登校の生徒が、通常の学校や家庭以外のところに居てもいい居場所が必要だ、ということで子どもたちのための「フリースクール」とか「フリースペース」が作られるようになった、と聞いています。

つまり、どこにも居場所がないと感じている人たちが、安心して居られる場所、という意味で使われていたのです。しかし、最近はもっと一般的に用いられるようになって、例えば自分の能力を充分に発揮できるところ、という意味も含まれていたりします。そして、子どものために大人が準備する子どもの居場所ということだけでなく、若者や大人や高齢者など、年齢に関係なく使われるようになって、それぞれの居場所をそれぞれが求めている、という意味で「居場所」という言葉がよく使われるようになったと思います。

逆に言うと、年齢に関係なく、いつも何となく自分の居場所が見つからないと感じている人が増えた、ということかもしれません。「ここは本当は自分の居るべき場所ではないのではないか」、と疑念を抱きながらあちらこちら彷徨っている人も多いのかもしれません。

そのせいかどうかは分かりませんが、『置かれた場所で咲きなさい』（幻冬舎、二〇一〇年）という本を渡辺和子さんというシスターが執筆して出版されて、結構話題になりました。この方は、ご自分が学校長としての仕事に就いた頃にかなり悩まれたそうで、自分は本来この仕事に就くべきではなかったのかもしれないと思いながらも、とにかく一生懸命やっていると、だんだんとその立場で自分がなすべきことやその意味が見えてきた、ということなどをお書きになっています。

「居場所」というと誰かが準備してくれて、自分は受け身で居心地がいい場所というイメージがあります。しかし、社会の中で自分が仕事をする、あるいは自分が何らかの役割を果たすという場合は、かなり違ってきます。人から与えられた仕事であっても、自分の能力を発揮する積極性が求められます。そうして他の人に役立つ働きをして、周りの人々が認めてくれて、信頼関係が成り立っていくことによって、そこに自分の「居場所」ができてくるでしょう。おそらくそこまで行くには、さまざまなプレッシャーと戦い、これでいいのかと悩みながら、頑張らないといけないでしょう。

人生は「居場所探し」の旅

しかし、人間はいつも、いつまでも人に役立つ存在であり続けることができるか、というとそうでない場合もあります。病気や怪我で仕事が続けられなくなるというようなことが起こる場合もあります。そうでなかったとしても、年をとって定年退職した後にも、自分の居場所を求めていく必要があります。また、体の衰えを感じる人々は何らかのかたちでケアをしてもらえる居場所を見つける必要がありますが、なかなか難しくなってきています。日本はすでに高齢化社会を迎えつつありますから、それは社会的な問題になっています。

こう考えていくと、人の人生は、年齢がいくつになっても、それぞれ自分の生きるべき居場所を探しながらいつも旅をしているようなものなのです。「居場所探し」の旅です。そして、その旅を一人ひとりがどう歩んでいくか、何を大切にしていくか、それによって歩む方向がそれぞれ違ってくるのです。その旅ができるだけ、充実していて楽しい、幸福をもたらすものであってほしいと誰もが願いますし、もし苦しいことや困難なことがあっても、それによってより良く成長して、次の場所に行くための糧としていければ、それは最も望ましいことだと思います。

この大学の学習環境はかなり整えられていますので、学生の皆さんはそれを大いに活用して新たな居場所を見出して、どんどん成長していってほしいと思います。そして、次のステップとなる社会へ向かって巣立つ備えをしっかりしてください。

ただ、その人生の旅は、自分の思い通りにはいかないこともたくさんあります。それはすでに経験したという人もいるでしょう。本当はここではなく別の大学に行きたかったのに、という人もいるでしょう。それから、よく「五月病」と言ったりしますが、夢と希望に溢れて大学に入学したのだけれど、入ってみたら自分が思い描いていたほど素晴らしい場所ではなかったな、とがっかりして勉強する気力が落ちてしまう、という場合もあります。旅をする、というのは、自由に新しい出会いや体験ができる、新たな可能性が見出せるという喜びや楽しみがあります。その一方で、この先がどうなるのかわからないという不安がありますし、今までずっと居た場所にそのまま居たほうが楽なのに、と感じたりすることもあります。でも、とにかく私たちは毎日、旅をしているのです。旅していかざるを得ない生き物なのです。

聖書に出てくる人たちの「旅」

旧約聖書の中に、神様が登場人物に旅をしなさい、と言っている箇所がいくつもあります。例えば、創世記一二章の最初には、こう書いてあります。

「主はアブラムに言われた。『あなたは生まれ故郷、父の家を離れて、わたしが示す地に行きなさい。わたしはあなたを大いなる国民にし、あなたを祝福し、あなたの名を高める。祝福の源となるように』」（創一二・一—二）。

このアブラムという人物は遊牧民生活をしています。お父さんと家族と家畜と共に移住しながら生活していたのですが、お父さんが亡くなった後に、神様から聞いた言葉です。主なる神が示す地に向かって旅をすれば、神様が祝福してくださる、というのです。アブラムは、この言葉を聞いて旅に出てある土地に着いたときに、神様から救いの契約をいただくことになります。だから、神様の導きに従って、勇気をもって、自分が行くべき新たな場所を目指して旅して行きなさいよ、というメッセージが込められている箇所です。

それから、もう一つご紹介したいのは、神様がモーセに言った言葉で、出エジプト記に書いてあります。

「今、行きなさい。わたしはファラオのもとに遣わす。我が民イスラエルの人々をエジプトから連れ出すのだ」（出三・一〇）。

モーセはこの言葉に従って、たくさんの人々と一緒にエジプトを旅立って、四〇年かけて「乳と蜜の流れる地」、つまりその人々が差別されることなく安心して暮らせるすばらしいところへ旅をして連れていくことになります。そして、その旅の中でさまざまな危機的な出来事が起こってくるのですが、いつも神様がモーセと人々を助けてくれて、何とか困難な状況を乗り越えて、安住の地（彼らにとっての本来居るべき場所）に向かって、旅していくのです。

こういう物語を語り伝えてきた人々は、これを読む人々に、人がこの世で生きるというすべての旅を、神様が導いてくださると信じて歩んでいけばいいのだよ、というメッセージを伝えたかったのではないか、と私は思います。

「求めよ」「探せよ」

「神」とか「救い」という言葉が、聖書にはたくさん出てくるので、それを聞くと皆さんの中には、「私は神を信じていないから関係ない」とか、「私は救いを求めるほど不幸ではないから関係ない」と思う人が多いかもしれません。しかし、「救い」ということを、人がほんとうに喜びをもって自分らしく居られる場所やそういう関係性の中で生きられること、というふうに考えるとどうでしょうか。それはすべての人がいつも探し求めている「居場所」なのではないでしょうか。それは、ただ待っていれば向こうから勝手にやってくるというものではなくて、自分自身で一生懸命求めていくこと、探していかなくてはならないものなのです。そうやって一生懸命に居場所を求めて彷徨う私たち人間を、支えてくれるもの、導いてくれるもの、目には見えないけど背中を押してくれるものを、「神」という言葉で表している、と考えてみてください。

「求めなさい、そうすれば与えられる。探しなさい。そうすれば見つかる」ということの聖書箇所は、何について語っているかというと、「神の救いを求めなさい」という意味で言っているのです。それはまた、この世を旅するすべての人、自分の居場所を求めているすべての人々への励ましのメッセージになっているのが分かるでしょうか。そして、最後に大切なメッセージが書かれているのを見逃さないでください。

「だから、人にしてもらいたいと思うことは何でも、あなたがたも人にしなさい」。

それが、ほんとうに喜びをもって生きられる居場所探しの旅において、一番大切だと聖書は語っているのです。自分を愛するように、隣人を愛する、他の人たちのことを大切に考えながら、自分の旅を続けていくこと、そうすれば「与えられる」、そうすれば「見つかる」のです。さあ、あなたの居場所はどこにあるでしょうか。探し求めていきましょう。

（二〇一七年四月一二日　京田辺水曜チャペルアワー奨励）

第二部　教会での説教

嵐と風と不思議な外套

渡り終わると、エリヤはエリシャに言った。「わたしがあなたのもとから取り去られる前に、あなたのために何をしようか。何なりと願いなさい」。エリシャは、「あなたの霊の二つの分をわたしに受け継がせてください」と言った。エリヤは言った。「あなたはむずかしい願いをする。わたしがあなたのもとから取り去られるのをあなたが見れば、願いはかなえられる。もし見なければ、願いはかなえられない」。彼らが話しながら歩き続けていると、見よ、火の戦車が火の馬に引かれて現れ、二人の間を分けた。エリヤは嵐の中を天に上って行った。エリシャはこれを見て、「わが父よ、わが父よ、イスラエルの戦車よ、その騎兵よ」と叫んだが、もうエリヤは見えなかった。エリシャは自分の衣をつかんで二つに引き裂いた。エリヤの着ていた外套が落ちて来たので、彼はそれを拾い、ヨルダンの岸辺に引き返して立ち、落ちて来たエリヤの外套を取って、それで水を打ち、「エリヤの神、主はどこにおられますか」と言った。エリシャが水を打つと、水は左右に分かれ、彼は渡ることができた。

（列王記下二章九―一四節）

今日は、日本キリスト教団香里ヶ丘教会の主日礼拝の説教者としてお招きいただき、ありがとうございます。

私は、同志社大学の教員兼チャプレンとして働いておりますが、日本聖公会の司祭でもありますから、聖公会の教会に出向いて聖餐式などの礼拝奉仕を行うこともあります。私の父と祖父も日本聖公会の牧師でした。ですから、私は生後六カ月頃に幼児洗礼を受け、中学二年の時に堅信礼を受けて、正式な信徒としてパンとぶどう酒の聖餐を受けるようになりました。

そういうふうに幼い頃から教会の中で育ったのですが、そうお話しすると、クリスチャンとして篤い信仰をもつように純粋培養されてきたのだろうと思われる方がときどきおられます。しかし、私はそうではありませんでした。日頃、両親は仕事が忙しくて子どもにかまっている時間はほとんどありません。

私の父は、戦後まもなくの広島市内に教会を復興させるために他の教役者や信徒の方々と共に働いていましたから、いつも忙しそうでした。私は子どもの頃に教会学校に通っていましたが、父の説教は難しくて何を言っているのかさっぱり分かりません。中学生になってしばらくすると、同年代の子が全然教会に来なくなりました。そうすると、私も教会に行ってもつまらないので、教会の礼拝に行かなくなりました。当時、その教会と牧師館は徒歩一〇分ほど離れた場所にありました。私の両親はどうしたかというと、ほったらかしです。何も言いません。私は親から日曜日は教会の礼拝に行きなさいと言われた記憶がありません。

しかし、私はその頃キリスト教学校の広島女学院中学校に通学して、学校での礼拝や授業で聖書について学んでいました。でも、よく分からないなあと思っていました。自分は一応正式なクリスチャンなのだけど、自分が何をどう信じているのかはよく分からない。思春期の頃は、何となくそのことがずっと私の心の中に居心地の悪い場所を作っていたように思います。その後、高校生の頃に父の転勤で神戸に引っ越しました。そして二〇歳頃の私は、将来何とか教会から少し離れて生活できれば、と考えていました。だから、一般企業に就職した時には、少しホッとしたのを覚えています。

しかし、何年かするとまた、私は何を信じていて、何を信じていないのだろうという思いが重くのしかかってきたのです。つらかったです。今思い出してもつらかったです。自分がどこに足を置いて生きていけばいいのか分からない、というつらさでもありました。精神的に自立していくときの、足掻きだったのだと思います。それで、これはただ牧師の話を聞いていても駄目だ、自分が聖書を読んで何を信じることができるのかということを確かめていくしかないと考えて、彷徨いながら自分の道を探し求めて、結局二〇代終わり頃に同志社大学神学部に三年編入することにしました。

そして、学校の聖書科の教師として教壇に立って、聖書について語るようになってようやく、自分が何を信じているかが明確になりました。それからさらにだいぶ経ってから、聖公会の聖職への道を歩むことになりました。

キリスト教信仰をもつようになるプロセスというのは人それぞれ違うと思うのですが、私の場合は、キリスト教会での交わりとキリスト教学校での学び、その両方があってこそ現在の私があると言えると思います。どちらかが欠けていたら、私は牧師にも、教師にもなっていなかったのではないかと思います。大切な事柄であればあるほど、さまざまな視点や場所に立って違う側面から考えてみる、さまざま経験をしてみる、そうすると一面からだけ見ていた時には気がつかなかった大事なポイントに気づくことが多いです。私が信仰者としての自分の道を見出していくには、そういうプロセスが必要でした。

聖書の物語や言葉から大事なメッセージを読み取る時にも、いろんな視点から見て考えていくと、ようやくその輪郭がはっきり見えてくるという場合が多いです。聖書は、数千年もかけて人々に語り継がれている文書で、今もさまざまなかたちで大事なメッセージが受け継がれています。それは、教会やキリスト教学校だけではありません。フィクションの物語の作家たちも、密かにメッセージを語り継いでいます。今回は、旧約聖書の預言者エリヤが嵐の中で天に挙げられていったという物語に込められたメッセージについて考えてみましょう。

旧約聖書には、預言者エリヤのさまざまな伝承が記されていて、彼は単に神の言葉を預言するだけでなく、カルメル山での神の審判のように、大きな奇跡を起こすことができる力を与えられた偉大な預言者として語り伝えられています。それゆえ、エリヤより何百年も後に登場したイエスがさまざまな奇跡的な活動をしたのを見た民衆たちは、「預言者エリヤが再来したのではないか」とうわさしたのです。そのエリヤが、天に召されていく場面が列王記下二章の前半に記されています。

エリヤは、ある外套を持っていました。これを丸めて川の水面を打つと、水が左右に分かれて乾いた土の上を歩いていくことができる、という不思議な力をもった外套です。「水が左右に分かれて、そこを歩いていける」というのは、出エジプトにおいてモーセがイスラエルの人々を導いてエジプトを脱出したとき、神の命令に従って手を海に向かって差し伸べると神が激しい東風をもって海を押し返し、海の水が分かれたので、その間をイスラエルの人々が歩いて逃れた、という有名な奇跡物語とよく似ています。その時には後ろからエジプト軍が追いかけてきているという危機的な状況でしたが、神様が偉大な力をもって、モーセと人々をそういう絶望的な困難から救い出し、守り導いてくださったのだ、というエピソードとして語り伝えられています。預言者エリヤがこの不思議な外套を持っていたということは、彼が神様から特別な力を受けて、彼の歩む道が守り導かれていたことを象徴的に表しているのだろうと思われます。

エリヤといつも行動を共にしていたのは、弟子のエリシャです。彼は、まもなく師であるエリヤが死んでしまうということを知っています。周りの預言者たちもそれをエリシャに告げています。彼は、エリヤから何を願うかと問われて、「あなたの霊の二つの分を受け継がせてください」と答えます。エリヤは、「わたしがあなたのもとから取り去られるのを見れば、願いはかなえられる」と言います。そして、突然二人の間が分けられて、エリヤだけが嵐の中を天に上っていった。そして、その後にエリヤのあの不思議な外套が落ちてきた。エリシャはその外套を拾って手に取り、それでヨルダン川の水を打ち、「エリヤの神、主はどこにおられますか」と言うと、水が左右に分かれて渡ることができた。そうやって彼はエリヤの霊を受け継いで、一人で預言者としての道を歩いて行くのです。

このエリヤの「外套」とよく似たマントが登場する別の物語があります。作家Ｊ・

K・ローリングが書いたハリー・ポッターの物語中に、「透明マント」という魔法のマントが出てきます。そのマントを羽織ると、マントで覆われた部分が透明になるのです。そハリーは、誰かに追いかけられて捕まりそうな時にこのマントをかぶって隠れます。そうやって、このマントのおかげで、何度も危ない状況を乗り越えて、悪い魔法使いたちと戦っていくのです。

　彼はこれを魔法学校の校長先生ダンブルドアからもらいましたが、実はこれはハリーが赤ん坊の時に亡くなった父親から預かっていたものだ、と打ち明けられます。父親と母親は悪い魔法使いに殺されてしまったので、ハリーは孤児となって親戚に預けられて育ちました。ですから、彼は両親から直接愛されて育てられた経験をもっていません。しかし、両親は死ぬ前に、ハリーが悪い魔法使いに決して殺されないように、命をかけて魔法をかけました。それがハリーの額に傷のようなしるしとなって残っています。それは、両親がいかに彼を愛しているかというしるしでもあります（このエピソードは、創世記四章のカインが殺されないように神がしるしを付けられた、という箇所とよく似ています）。それに加えて、ハリーがある程度成長してから、危機的な状況から守ってくれる透明マントが、ダンブルドア先生を通して、父親からハリーに受け継がれていったのです。

この二つの物語に共通しているものがあることにお気づきでしょうか。死んでいく人、つまり両親や預言者が、後に残される子どもや弟子のために、自分が亡くなった後も彼らが生きていく道がよりよく開かれるようにと願って、魔法のマント、不思議な外套にその祈りと使命を託しているのです。そして残された者たちはそれを受け継いで、それに守られて、困難な状況にも負けないで、しっかりと人生を歩んでいく、というストーリーになっています。

皆さんは、自分には透明マントも不思議な外套もないから関係ない、と思っているかもしれません。しかし、過去の人々が残してくれたすばらしいものが、私たちにはたくさん与えられているのです。この話を、大学の学内礼拝のチャペルアワーで話しました。私は学生たちにはこう言いました。今、この同志社大学で学んでいるという環境も、創立者新島襄はもとより、新島の志を受け継いで同志社を発展させていった多くの人々が、未来においてこの同志社という学園で学ぶ学生のために長い年月をかけて作り上げた学習環境、という「外套」なのです。そして、皆さんが学んでいるさまざまな学問研究そのものも、今は亡き多くの人々の努力の積み重ねの結果です。そういう学びをしっかり身につけて、社会人として独り立ちしていけるよう成長できる環境が整えられ、それによって、皆さんの成長が見守られて、期待されています。そして、将来、何らかの困難な状況が嵐のようにやってきても、それを乗り越えていける力を養うことができるのです、と話しました。

それでは、教会の皆さんにとっての、受け継いだ「外套」は、何でしょうか。この教会の建物や共同体としての交わり、先人の人々の祈りや信仰でしょうか。過去に生きた人々からどのような大切なものを受け継いでいるのかを思い巡らしてみること、そして、自分より後に生きる人々には何を残せるか、他の人々のために自分は何ができるかを思い巡らしてみることが、皆さん一人ひとりにとっての大事な「外套」を見出すことにつながるのではないでしょうか。特に他の人々が困難な状況を乗り越えられるように、という祈りをもって、思い巡らしてみてください。

そしてまた、すべてのキリスト者にとって、最も不思議で最も重要な「マント」、特別の「外套」は、聖書そのものだと言えるのではないでしょうか。聖書は、三〇〇〇年以上前から人々によって、語り伝えられ、文書で伝承されてきました。それは、その後のあらゆる時代の、あらゆる地域の人々に生きる勇気と希望を与えてきました。特に、苦しく、困難な状況の中で生きている人々に向けて、いつも神様が愛をもって見守り導いてくださるのだというメッセージが込められ、語り継がれています。その聖書のみ言葉一つひとつの意味をよく理解して、どんな激しい嵐や凪が吹いても、それを乗り越えていける力をくれる不思議な「外套」をしっかり受け継ぎ、次の世代に受け渡していく使命が、私たちにはあります。

私が、このエリヤの「外套」とハリーの「透明マント」の共通する意味に気づいたのは、最近のことです。私の父は、一三年前に天に召され、母は二年前に召されていきました。そして私の夫が今年の二月に六六歳で天に召されていきました。とても悲しいことですが、人の命がどれだけ儚いものであるかを、私は改めて知らされることになりました。しかし、だからこそ私は分かりました。父も母も夫も、それぞれに私に生きる力を与える不思議な「外套」をいろいろな形で与えてくれていたのだ、と。いつも私を愛し、私を支え、見守ってくれていました。それは、主イエス・キリストがその命をもって、弟子たちに与えてくださったもの、そして私たちに与えてくださったものと共通しています。そのことに感謝しつつ、この不思議な力をもつ「外套」を、これからも受け継いでいきたいと思います。

最後に、ハリー・ポッター物語が大好きな学生が私の奨励を聞いて書いたコメントの一部をご紹介いたします。

「ハリーのマントには両親の愛と先人たちの思いがたくさん込められていて、ハリーはそれによって守られている。聖書の中にも預言者エリヤの外套を拾った弟子のエリシャがエリヤの霊を受け継ぎ、守られた道を歩んでいく話がある。私たちは、先人が残してくれたものに込められた祈りや思いに守られて生きている。すべての物事がマントであり、私たちはマントのおかげで嵐や風を乗り越えていくことができる。そして、私たちは先人の思いを後に残していくという重要な使命を担っているのである」。

（二〇一七年八月二七日　日本キリスト教団香里ヶ丘教会説教）

わたしが喜ぶのは

聖霊降臨後第四主日、A年、特定五

わたしは立ち去り、自分の場所に戻っていよう。
彼らが罪を認めて、わたしを尋ね求め
苦しみの中で、わたしを捜し求めるまで。
「さあ、我々は主のもとに帰ろう。
主は我々を引き裂かれたが、いやし
我々を打たれたが、傷を包んでくださる。
二日の後、主は我々を生かし
三日目に、立ち上がらせてくださる。
我々は御前に生きる。
我々は主を知ろう。
主を知ることを追い求めよう。
主は曙の光のように必ず現れ
降り注ぐ雨のように

大地を潤す春雨のように
　我々を訪れてくださる」。

エフライムよ
　わたしはお前をどうしたらよいのか。
ユダよ、お前をどうしたらよいのか。
お前たちの愛は朝の霧
すぐに消えうせる露のようだ。
それゆえ、わたしは彼らを
　預言者たちによって切り倒し
わたしの口の言葉をもって滅ぼす。
わたしの行う裁きは光のように現れる。
わたしが喜ぶのは
　愛であっていけにえではなく
神を知ることであって
　焼き尽くす献げ物ではない。
（ホセア書五章一五節―六章六節）

神はアブラハムやその子孫に世界を受け継がせることを約束されたが、その約束は、律法に基づいてではなく、信仰による義に基づいてなされたのです。律法に頼る者が世界を受け継ぐのであれば、信仰はもはや無意味であり、約束は廃止されたことになります。実に、律法は怒りを招くものであり、律法のないところには違犯もありません。従って、信仰によってこそ世界を受け継ぐ者となるのです。恵みによって、アブラハムのすべての子孫、つまり、単に律法に頼る者だけでなく、彼の信仰に従う者も、確実に約束にあずかれるのです。彼はわたしたちすべての父です。「わたしはあなたを多くの民の父と定めた」と書いてあるとおりです。死者に命を与え、存在していないものを呼び出して存在させる神を、アブラハムは信じ、その御前でわたしたちの父となったのです。彼は希望するすべもなかったときに、なおも望みを抱いて、信じ、「あなたの子孫はこのようになる」と言われていたとおりに、多くの民の父となりました。

（ローマの信徒への手紙四章一三―一八節）

イエスはそこをたち、通りがかりに、マタイという人が収税所に座っているのを見かけて、「わたしに従いなさい」と言われた。彼は立ち上がってイエスに従った。イエスがその家で食事をしておられたときのことである。徴税人や罪人も大勢やって来て、イエスや弟子たちと同席していた。ファリサイ派の人々はこれを見て、弟子たちに、「なぜ、あなたたちの先生は徴税人や罪人と一緒に食事をするのか」と言った。イエスはこれを聞いて言われた。「医者を必要とするのは、丈夫な人ではなく病人である。『わたしが求めるのは憐れみであって、いけにえではない』とはどういう意味か、行って学びなさい。わたしが来たのは、正しい人を招くためではなく、罪人を招くためである」。

（マタイによる福音書九章九―一三節）


預言者ホセアは、イスラエルの分裂王国時代、北イスラエルのヤロブアム王の時、つまり紀元前七四〇年前後の頃に活動していたのではないか、と言われています。ホセア書には、北イスラエルに対して神が厳しい裁きを行われるという預言が繰り返し語られています。文書の最初の部分では、「主は言われる」という言葉で預言が語られているのですが、この五章からは、「わたしは」という主語を用いて預言が語られています。

ですから、この日課の部分の「わたし」もホセア自身ではなく、神の言葉として書かれています。そうしてホセアは、人々が自らの罪を認め、悔い改めて、神を探し求めるようになることを神ご自身が願っておられる、と伝えているのです。しかし同時に、これまで神の御心に背いてきたイスラエルの罪に対する罰は、もはや免れることができない、と預言しています。

当時、神にいけにえをささげたり、焼き尽くす献げ物をするのは、人間の罪に対して神の赦しを得るため、または清めの儀式として行われていました。それが自分たちの罪をつぐなう方法だと信じられていました。

それは、創世記八章のノアの箱舟の物語にも象徴的に語られています。洪水が終わって再び地上での生活が始められるようになったとき、ノアは祭壇を築いて、清い動物を焼き尽くす献げ物としてささげます。すると、主なる神は、いけにえを焼く「なだめの香り」をかいで、「人に対して大地を呪うことは二度とすまい」と御心に言われた、と記されています。本来、神への感謝を献げるしるしとして行われていた儀式が、だんだん形骸化してくると、献げ物さえすれば罪の赦しを得られるというような、まるで神様と人間の間でギブ・アンド・テイクのやりとりができるような錯覚をもつようになったのかもしれません。

しかし、ホセアが伝える預言は、神様が真実に求めておられるのは、そういう目に見えるいけにえを献げる儀式としての行為そのものではなく、神と人とを愛する心であって、神の御心を知ろうと求める信仰である、ということを伝えています。

この預言から約八〇〇年後、イエスさまが律法学者に対して、このホセア書の言葉を引用して語られたことが、マタイによる福音書に記されています。その箇所では「『わたしが求めるのは、憐れみであって、いけにえではない』とはどういう意味か行って学びなさい」(マタ九・一三)という言葉になっています。ファリサイ派の律法学者たちは、神の掟である律法を厳格に守るべきだという考えから、人々がどういう行為をしたか、しなかったか(例えば、安息日をちゃんと守っているか、神殿税を収めているかなど)に強い関心をもっていました。またどういう職業に就いているか、病気になっているかいないか、それは汚れの病や汚れた仕事ではないか、などという目に見える事柄によって、神に救われる人か救われない人かを区別して、境界線を引いていました。そして、神に救われない汚れた人々と交わったり、ましてや一緒に食事をするなどということは、彼らの考えからするととんでもないことだったのです。

しかし、イエスさまはあえてその境界線を飛び越える行動をとって、自分が何のために来たのか、正しい人を招くためではなく、罪人とされていてもなお神の救いを真実に求めている人々を招くために来た、と語られます。それは、当時の社会では常識はずれの考え方でした。しかしそれが、イエスさまがこの世に現そうとされた神の愛でした。神様は、目に見える行為によって人間を区別なさる方ではなく、神を探し求め、神と人とを愛する心に応えてくださる神なのです。

現在、私たちの生きている社会は、成果主義とか、業績主義とか、どれだけ目に見える成果をあげられたかということが、人間の存在価値を計る一つの基準になっている社会になってきていると思います。そのことが一般の教育界にも大きく影響してきて、大学教育もどんどん実学重視の傾向が強くなってきました。その一方で、目には見えない領域の、人間の生き方や考え方の土台となるべき精神や文学、哲学思想、宗教思想などを学ぶことが軽視されつつあるように思います。それによって何が起こってくるかというと、目に見える成果をあげられる人とそうでない人との区別です。自分が存在価値のない人間と見られてしまうのではないか、そういう不安を何となく抱いている学生は非常に多くいます。それは学生のみならず、社会人の大人たちや高齢者も同様で、近年のうつ病の増加や自殺者の増加は、そのような成果主義的な考え方への偏りが一因と言えるのではないか、と私は思います。

神を知らない人々一人ひとりに、あなたの命の存在価値は、目に見える成果にまったく関係なく、無条件にあるのだ、ということをどうやって伝えればよいのか、それは、今の社会においては本当に至難のわざであると日々感じています。

私たちは、神様の存在を知り、神様の愛を信じる信仰を与えられました。私たちが罪を悔い改め、神のみ前に出るとき、神様は無条件に私たちを主の食卓に招いてくださいます。そして、一人ひとりの命を養い、育て、守り、導いてくださいます。その神の愛に感謝するとともに、人間の生きる力を奪う強固な「境界線」に対して私たちがどう考え、どう生きるべきか、神の御心を祈り求めていきましょう。
（二〇〇八年六月八日　大津聖マリア教会説教）

あなたがたにいくらかでも

聖霊降臨後第二〇主日、A年、特定二一

そこで、あなたがたに幾らかでも、キリストによる励まし、愛の慰め、〝霊〟による交わり、それに慈しみや憐れみの心があるなら、同じ思いとなり、同じ愛を抱き、心を合わせ、思いを一つにして、わたしの喜びを満たしてください。何事も利己心や虚栄心からするのではなく、へりくだって、互いに相手を自分よりも優れた者と考え、めいめい自分のことだけでなく、他人のことにも注意を払いなさい。互いにこのことを心がけなさい。それはキリスト・イエスにもみられるものです。キリストは、神の身分でありながら、神と等しい者であることに固執しようとは思わず、かえって自分を無にして、僕の身分になり、人間と同じ者になられました。人間の姿で現れ、へりくだって、死に至るまで、それも十字架の死に至るまで従順でした。このため、神はキリストを高く上げ、あらゆる名にまさる名をお与えになりました。こうして、天上のもの、地上のもの、地下のものがすべて、イエスの御名にひざまずき、すべての舌が、「イエス・キリストは主である」と公に宣べて、父

である神をたたえるのです。

だから、わたしの愛する人たち、いつも従順であったように、わたしが共にいるときだけでなく、いない今はなおさら従順でいて、恐れおののきつつ自分の救いを達成するように努めなさい。あなたがたの内に働いて、御心のままに望ませ、行わせておられるのは神であるからです。

（フィリピの信徒への手紙二章一―一三節）


本日の使徒書は、使徒パウロがフィリピの教会の人々に対して書いた手紙の一部です。フィリピというのは、アテネに近いマケドニア地方にある町ですから、パウロたちユダヤ人にとっては、文化の異なる異邦の地です。パウロが福音を伝えるためにフィリピの町に初めてきた時のことが、使徒言行録に記されています。

ある夜、パウロは幻を見ます。その中で一人のマケドニア人が、「マケドニアに来て、わたしたちを助けてください」と言っていたのです。それで、パウロは船に乗って海を渡りフィリピの町にやってきました。彼がその町で福音を語っていると、紫布を扱う商人でもあるリディアという女性が熱心に耳を傾けて聴いていました。そして彼女とその家族が洗礼を受けたのです。おそらくフィリピの教会は、このリディアという女性とその家族を中心として作られていった教会だったのではないかと思われます。そしてこの教会は、パウロの宣教活動を支援するための援助金を送ったり、手紙のやりとりをしたり、弟子たちとの交わりがあり、その後もパウロととても親密な関係にあったことが、手紙の内容から分かります。

この手紙は、パウロがフィリピから離れたところ（それはローマなのかエフェソなのか分かりませんが）に捕らえられて獄中にあるときに書きましたので、「獄中書簡」と呼ばれています。自分が逮捕されて監禁されていることについて彼がどう書いていたかというと、「かえって、福音の前進に役立った」というのです。自分がキリストのために監禁されているということを、周りのすべての人が知るようになったし、そして主にある兄弟たちがますます勇敢に御言葉を語るようになったからだ、と書いています。

パウロは、フィリピの町に行った時にも一度逮捕されて監禁されていますから、キリスト者であるフィリピの教会の人々も、信仰のためにさまざまな迫害を受けていたでしょう。そして、あるいは、教会の中でも、何か分裂するような出来事があったのかもしれません。そのような状況にある教会の人々に宛てて、書かれた手紙です。

今日の聖書日課の部分を読み返してみましょう。キリスト・イエスがそうであったように、互いに励まし合い、愛をもって慰め、聖霊による交わりを大切にし、慈しみや憐れみの心をもって、思いを一つにして心合わせて生活をしていくようにと、パウロは勧めています。

そしてさらに、イエスさまが、神と等しい者であることに固執しようとしないで、かえって自分を無にして、人々に仕える僕《しもべ》の身分になって、十字架の死に至るまで、神様の御心に従順に生きられた方だったのだから、私たちもそのような謙遜な心をもって、互いに相手を尊重しながら、神様の御心を行っていきましょう、と伝えています。

一見したところは穏やかな言葉なのですが、パウロや教会の人々が置かれていた当時の厳しい状況を考えると、私たちが何らかの危機的な状況にあってもキリストに従って生きる者として何を大切にしていかなくてはいけないか、ということを如実に教えてくれています。

私は、この聖書の箇所を読みながら、二人の女性の宣教師のことを思い浮かべました。私は九月上旬に、大学の仕事で学生たちを引率して熊本に行ってきたのですが、初めてリデル・ライト記念館を訪れました。ハンナ・リデルとエダ・ライトという二人のイギリス人女性で、日本のハンセン病患者の母とも言われた方々です。リデルは、イギリス聖公会の宣教師として明治二三年に熊本にやってきました。同年の春に花見に行ったとき、彼女は初めてハンセン病患者の人々が物乞いをしているのを見たのです。そのときに彼女は、神様が私に何をすべきかを知らされた、と語っています。彼女は私財を投じ、また自ら奔走して寄付金を集めて、五年後にはハンセン病専門の病院を設立して「回春病院」と名付けました。その働きを助けるためにやってきたのが、リデルの姪のエダ・ライトです。リデルは行動的な人で、病院の運営だけではなく、ハンセン病患者の救済を求めて、大隈重信などの政治家にも働きかけていきました。

しかし、リデルを派遣した伝道団体とは方針が合わず、彼女は宣教師を辞めることにしました。けれども、その後も彼女は回春病院でハンセン病の人々と共に礼拝したり、互いに触れ合いながら、同じ食事をとって生活していました。リデルは、入所者の人たちから「私たちの母、お母さん」と呼ばれていたそうです。彼女はハンセン病専門の研究所も設立して、治療方法などの研究の推進にも力を注ぎました。

明治四〇年に「らい予防法」が制定されましたが、日本が軍国主義化していくなかで何度も改正され、強制的な隔離政策を行うための差別法に改悪されていきました。そのことはこの二人の女性と入所者の人々に大きな不安と危機感をもたらしたに違いありません。それでも、リデルは七八歳で死ぬまでその働きに命をささげました。

リデルの働きはエダ・ライトが引き継ぎました。戦争の最中、日本の警察は、ラジオを持っているという理由でイギリス人の彼女にスパイ容疑をかけて取り調べることもあったそうです。昭和一六年二月三日、リデルの命日に逝去記念礼拝をしているときに突然政府の役人がやってきて、回春病院は強制的に解散させられ、入所者たちはトラックに乗せられて別の国立の療養所に移動させられてしまいました。そのときにエダ・ライトはトラックの荷台の端をぎゅっと握って、「ごめんなさい、ごめんなさい」と言いながら見送ったのです。そのときに、入所者の人たちは、誰からともなく、聖歌を歌い始めました。どの聖歌なのかは分かりませんが、神様をほめたたえる聖歌です。強制的に隔離され別れさせられるという極限状態にあっても、神様をほめたたえる心は一つ、思いは一つ、心は一つだという気持ちの現れだったのではないでしょうか。

ライトは、この後国外退去を命じられてやむを得ず日本を離れますが、戦後昭和二三年に七八歳で日本に戻り、二年後に天に召されました。彼女は、亡くなる前にラジオで全国に散らばっている回春病院の元入所者の人々に、こう語りかけています。

「私の愛する皆さん、お元気ですか。私はもう足が弱くなって、皆さんのところへ訪ねて行くことができません。また、天国でお会いできるのを楽しみにしています」。

リデルもライトも、その遺骨はこの記念館のすぐそばの納骨堂に、回春病院の元入所者の方々の遺骨とともに納められています。リデル・ライト記念館*には、彼女たちと回春病院の歴史とともに、彼女たちの昔の写真や持ち物が展示されています。その中には豪華な飾りのついた服や髪飾りがあって驚きましたが、彼女たちはロンドンの貴族階級出身だったのです。もし本国で生きていれば、何不自由ない生活を送っていたでしょう。その彼女たちが、それこそ死に至るまで、十字架の死に至るまで、異国の地である日本のハンセン病患者の人たちのために生涯をささげたのは、キリスト・イエスのためです。病気のために人々から見捨てられ、苦しめられていた人々と共にその苦悩を分かち合い、ともに希望を見出そうと、思いを一つにし、心を合わせて歩んだこの二人の女性のうちにも、神様が働いておられたのだ、と想うのです。

最後に、今日の使徒書のフィリピの信徒への手紙二章一二―一三節を読みましょう。「わたしの愛する人たち、いつも従順であったように、わたしが共にいるときだけでなく、いない今はなおさら従順でいて、恐れおののきつつ自分の救いを達成するように努めなさい。あなたがたのうちに働いて、御心のままに望ませ、行わせておられるのは神であるからです」。

（二〇〇八年九月二八日　高田キリスト教会）

＊「リデル・ライト記念館」は、二〇一六年四月の熊本地震により被災し、二〇一七年九月現在閉館中。

天の国はからし種に似ている

聖霊降臨後第一一主日

イエスは、別のたとえを持ち出して、彼らに言われた。「天の国はからし種に似ている。人がこれを取って畑に蒔けば、どんな種よりも小さいのに、成長するとどの野菜よりも大きくなり、空の鳥が来て枝に巣を作るほどの木になる」。

（マタイによる福音書一三章三一―三二節）

昔、聖地旅行から帰ってきた友人に「からし種」を見せてもらったことがあります。透明な袋に、黒い点々のような小さな小さな種が入っていました。種だと知らなければ、何かのカスかこぼれた粉だと思ってはらいのけて捨ててしまいそうな小さなものでした。ある本には「成長すると四メートルほどにもなる」とあります。

聖書には「成長するとどの野菜より大きくなり、空の鳥が来て枝に巣を作るほどの木になる」と書いてありますが、本当なのでしょうか。残念ながら、その成長した木を私は見たことがありません。あんな小さな種がそんなに大きくなることは、この目で見なければ信じられない気がします。

宮崎駿監督のアニメ映画『となりのトトロ』をご覧になったことがあるでしょうか。その中でこんなシーンがあります。女の子のメイが庭に種を蒔いて、芽が早く出てこないかなと思いながら眠りにつきます。夜中にふと目がさめて庭を見たら、なんとトトロとその仲間たちが何やらお祈りでもするようにしながら、あの蒔いた種の周りを回っている。それで、メイと姉のさつきもトトロたちと一緒になって何かぶつぶつ言いながら蒔いた種の周りを回って、芽が出てくるようにエイッと念を送ります。すると、急にポンと芽が出てきて、それがどんどん成長して、一晩のうちに大きな木になり森になった。メイとさつきは大喜びで、トトロに抱きついて空を飛び、その木の一番てっぺんの枝まで行き、月に照らされた緑いっぱいの景色を満喫するのです。私は、天の国で神様から豊かな恵みを授かるというのはこんな感じかもしれないと思います。

現実には、種は一晩では大きな木や森にはなりません。でも、大きな森も、実は小さな種がその源です。神様の御心にかなった天の国は、そのように小さな一つひとつの思いや言葉や行いを、私たちの日常の中に種を蒔くようにして大切に植えていくことから始まる、とイエスさまは伝えようとされたのではないでしょうか。

私が神様から遣わされている「庭」の一つは、大学のキャンパスです。種蒔きしてもすぐに成長が見られる庭ではないのですが、ときどき新しい芽を見つけたと感じる時があります。ある日の授業の後に学生が書いたコメントを一つご紹介します。

「神様とお話することは、自分自身と向き合うということなのではないでしょうか。自分の中にいる『もう一人の自分』のようなものをしっかり見つめ、何が正しいことで、何が自分のやるべきことなのかを考えることが、神様の心を考えることなのかな、と思いました」。

「となりのトトロ」のメイやさつきのように、私も小さな種を蒔いて、その成長を心から祈っていきたいと思います。神様が、新しい芽を出させ、大きく成長させてくださいますように、と願いながら……。

（二〇〇八年七月二七日　京都教区HP説教）

わたしは太陽の下に

聖霊降臨後第一〇主日、C年

わたしコヘレトはイスラエルの王としてエルサレムにいた。天の下に起こることをすべて知ろうと熱心に探究し、知恵を尽くして調べた。神はつらいことを人の子らの務めとなさったものだ。わたしは太陽の下に起こることをすべて見極めたが、見よ、どれもみな空しく、風を追うようなことであった。……

太陽の下でしたこの労苦の結果を、わたしはすべていとう。後を継ぐ者に残すだけなのだから。その者が賢者であるか愚者であるか、誰が知ろう。いずれにせよ、太陽の下でわたしが知力を尽くし、労苦した結果を支配するのは彼なのだ。これまた、空しい。太陽の下、労苦してきたことのすべてに、わたしの心は絶望していった。知恵と知識と才能を尽くして労苦した結果を、まったく労苦しなかった者に遺産として与えなければならないのか。これまた空しく大いに不幸なことだ。まことに、人間が太陽の下で心の苦しみに耐え、労苦してみても何になろう。一生、人の務めは痛みと悩み。夜も心は休まらない。これまた、実に空しいことだ。
（コヘレトの言葉一章一二―一四節、二章一八―二三節）

今日は、本日の旧約聖書、コヘレトの言葉に少し注目してみたいと思います。この書物の一番最初には「エルサレムの王、コヘレトの言葉」とあります。それで、新共同訳聖書ではこれを「コヘレトの言葉」という文書名にしています。それ以前の口語訳聖書では、「伝道の書」と言われておりました。それは、「コヘレト」というのが王様の名前ではなくて、「集会で語る説教者」または「伝道者」を意味する言葉だからです。

しかし、この文書の中身を読みますと、まったく伝道するには不向きな内容だと言わざるをえません。なぜかと言いますと、「空しい」という言葉から始まって、「空しい」という言葉で終わっているからです。例えば、一章二節には、「コヘレトは言う。なんという空しさ／なんという空しさ、すべては空しい」とあります。

一番最初のここだけで「空しい」という言葉が三回出てきますが、この本全体では三七回使われています。この書物はたった一二章（一五頁分）しかないのに、ものすごく頻繁に「空しい」という言葉が使われているのです。最後の部分は「なんと空しいことか、とコヘレトは言う。すべては空しいと」（一二・八）と書かれているのです。

最初は「空しい」と思っていても、後の部分で幸福になれる、という話の流れがあれば、私たちは希望を感じることができます。例えば、ヨブ記などは、人生のさまざまな苦しみを味わい尽くしたヨブが嘆き悲しむ物語が語られますが、それでも信仰を失わなかったので、最後には神様の祝福を受けて、豊かな財産と家族と長寿に恵まれた、という結末になっています。そういう幸せなイメージが最後にあれば、私たちは、苦しいことと悲しいことも耐え忍んで生きていくことができるような気がします。しかし、コヘレトの言葉には、そんな生易しいハッピーエンドの結末はありません。ユダヤ教が信仰の規範となる正典を決定するという時に、この文書を入れるかどうかかなり論争があった、と言われていますが、その気持ちは少し分かるような気がします。

ヨブ記もこのコヘレトの言葉も、知恵文学という類型の文書なのですが、その知恵の言葉によって語られる内容がずいぶん違っていて、特にコヘレトの言葉はかなり個性的です。

この文書の名前を、ルターは「説教者ソロモン」と名づけました。まるでソロモン王が語ったかのようなかたちで書かれているからです。ソロモン王は、その優れた知恵をもってイスラエルの王国を最も繁栄させた王として有名です。その王が、この世で起こるすべてのことを探求しようと考えて、知恵を尽くして調べあげた。人間が何をすれば幸福になるのかと考えてあらゆることをやってみた。多くの屋敷や果樹園や庭園を造ったり、お酒を飲んだり、快楽に溺れてみた。でも、それらは空しく、風を追うようなものだった。いろいろ苦労した結果、多くの財産を得ることもできたけれど、それはいずれ後を継ぐ者に残すだけのことで、それも空しい。何のために苦しみに耐えて働いてきたのか、意味がないじゃないか、と言うのです。「空しい」と訳されているこの言葉は、「蒸気」とか「霞」という意味があって、そのようにいずれすぐに消えてしまうものだ、という空しさなのです。

私たちは、自分の人生を振り返る時に、あの時こうしていれば今とは違うもっと意味のある人生が送れたのではないか、と悔やむことがあります。もっとお金があればあれを買えたのにとか、若い時にもっと英語の勉強をしていれば今頃はとか、子どものいない夫婦はもし子どもがいればとか、もっとうまく物事を運んでいれば今はとか……。そうできれば、もっと幸せな生活ができたのではないか、そういう悩みは尽きることがありません。でも、ソロモン王は人間がもつことができるあらゆる知恵と財産を手に入れていた王なのです。それでもすべては「空しい」というのです。

では、この文書を書いた人は、神様の存在や救いを信じていなかったのか、というとそうではありません。

「あなたの若い日に、あなたの造り主を覚えなさい」という有名な聖句は、このコヘレトの言葉の一二章に書かれています。新共同訳聖書では、こう訳されています。「青春の日々にこそ、お前の創造主に心を留めよ。苦しみの日々が来ないうちに、『年を重ねることに喜びはない』という年齢にならないうちに。太陽が闇に変わらないうちに」。

私たちは、いろいろ一生懸命努力して苦労して、苦しみも悲しみも何とか乗り越えて、幸せになりたいという願いをもって生きています。でも、自分のしてきた苦労が後で必ず報われるというわけではないですし、正しい道を歩んできた人が必ず幸せになれるわけでもありません。正義が通らず、不正がまかり通る不条理なことも起こります。どんなに努力しても、明日何が起こるかは分からないという不確実さの中で生きています。こう生きれば、人間は必ず幸せな生活ができる、と言えるような方法はないのです。それでも、私たちは必死になって、どこかに生きる意味を求めて努力して苦労して生活しています。そういう私たちに命を与え、この世に生かしてくださっているのは、私たちの造り主である神であって、人間の知恵ではない、そういうことをコヘレトの言葉は伝えようとしているのだろうと思います。

「空しい」という言葉は、ある意味、人間の人生全体の現実を直視して表現した言葉だとも言えると思います。人間が努力して得られる幸せとか、人間の力によって得られる生きる意味には限界があって、ふっと風が吹いたら消えてしまう霞のように、いつかは失われてしまうものなのです。そう思うと元気がなくなってしまいそうですが、人間が塵から生まれて塵に帰る存在であることは確かな事実です。その事実をしっかり見つめて生きなくてはいけないのだから、苦しみの日々が来ないうちに神のことを心に留めなさい、とコヘレトは告げています。

ただ、このコヘレトの語る神は、人間からかなり遠い所にいるようです。ヨブ記の神は、ヨブと人格的な関係において応答してくださる神であって、苦しみ嘆くヨブをしっかりと近くで見ておられる神です。それと比べると、コヘレトは王として優れた知恵とか財産とか力とかすべてを持っているけれど、神様との応答関係（呼びかけ、応える関係）は記されていないのです。神を畏れ敬え、という勧めの言葉はありますが、神が共にいてくださる、という信仰を表す言葉は見当たらないのです。

しかし、私たちには、「わたしはいつもあなたがたと共にいる」と約束してくださった、神の子、主イエス・キリストの福音があり、それを信じる信仰があります。私たちの人生を本当に意味あるものとしてくれるのは、この世の知恵や財産や力ではなくて、神への信仰です。イエスさまがその身に引き受けられた、人としてのすべての苦難、その人生は人間的な知恵の視点から見れば、実に空しい人生だと言えるのではないでしょうか。しかし、イエスさまはその生と死において、全生涯をかけて神の愛を表してくださいました。愛ゆえの苦しみには消えることのない意味があることを私たちに証ししてくださいました。ですから、私たちは恐れる必要はありません。神様が、私たちと共に歩んでくださると信じて、神様に感謝し喜びをもって、神を賛美していきましょう。そこにキリストが与えてくださった真実の知恵と平和があります。

（二〇一〇年八月一日　彦根聖愛教会説教）

わたしに従いなさい

顕現後第二主日、B年

その翌日、イエスは、ガリラヤへ行こうとしたときに、フィリポに出会って、「わたしに従いなさい」と言われた。フィリポは、アンデレとペトロの町、ベトサイダの出身であった。フィリポはナタナエルに出会って言った。「わたしたちは、モーセが律法に記し、預言者たちも書いている方に出会った。それはナザレの人で、ヨセフの子イエスだ」。するとナタナエルが、「ナザレから何か良いものが出るだろうか」と言ったので、フィリポは、「来て、見なさい」と言った。イエスは、ナタナエルが御自分の方へ来るのを見て、彼のことをこう言われた。「見なさい。まことのイスラエル人だ。この人には偽りがない」。ナタナエルが、「どうしてわたしを知っておられるのですか」と言うと、イエスは答えて、「わたしは、あなたがフィリポから話しかけられる前に、いちじくの木の下にいるのを見た」と言われた。ナタナエルは答えた。「ラビ、あなたは神の子です。あなたはイスラエルの王です」。イエスは答えて言われた。「いちじくの木の下にあなたがいるのを見たと言ったので、信じるのか。

もっと偉大なことをあなたは見ることになる」。更に言われた。「はっきり言っておく。天が開け、神の天使たちが人の子の上に昇り降りするのを、あなたがたは見ることになる」。

（ヨハネによる福音書一章四三―五一節）

本日の福音書は、フィリポとナタナエルがイエスさまの弟子となる、という物語です。この物語が記されているヨハネによる福音書は、他の三つの福音書とは違う部分がたくさんあります。イエスさまが、最初の弟子たちとどういうふうにして出会ったか、というエピソードも、他の福音書の記述とはかなり異なっています。

ヨハネによる福音書では、バプテスマのヨハネの弟子であった二人が、最初にイエスの弟子となったことが記してあります。それは、ヨハネが、イエスのことを「世の罪を除く神の小羊だ」「聖霊によってバプテスマを授ける人だ」「この方こそ神の子だ」と証言したのを聞いていたからです。この二人が従ってくるのに気がついたイエスは、振返って、「何を求めているのか」と尋ねます。それに対して二人は、「先生、どこに泊まっておられるのですか？」と訊くのです。

これは少しおかしな対話です。イエスの問いに答えていないような形になっています。「泊まる」と翻訳されているギリシア語には、「とどまる」という意味もあります。そしてこの言葉はヨハネによる福音書の中では四〇回も使われています。例えば、八章三一節のイエスの言葉、「わたしの言葉にとどまるならば、あなたたちは本当にわたしの弟子である」というところでも出てきます。また一五章九節の「わたしの愛にとどまりなさい」、一章の洗礼の場面の「〝霊〟が鳩のように天から降って、この方の上にとどまるのを見た」（三二節）という箇所にも出てきています。つまり、神とイエスさまをつなぐ聖霊、そしてイエスと弟子たちをつなぐ聖霊の働きを示す言葉として用いられているのです。ですから「先生どこに泊まっておられるのですか」という問いかけは、「先生、あなたは神様との関係において、どういう位置にとどまっている方なのですか、あなたはメシアなのですか」という問いかけだという解釈もできるのです。

この福音書記者は象徴的な表現方法を用いることが多いですから、わざと両方の意味にとれるように書いたのかもしれません。二人の問いかけにイエスは答えます。「来なさい、そうすれば分かる」と言われて、二人はイエスと一緒に泊まったとあります。これも、神の言として遣わされたイエスの存在が、二人の心にメシアだという確信をもって「とどまる」ことになったことを表している、ともとれます。だからこそ、彼らは友人たちにこのことを知らせます。

この最初の二人の弟子の名前ですが、なぜか片方の名前しか書いてありません。それが、アンデレです。そして、彼が自分の兄弟のシモンに「わたしたちはメシアに出会った」と言って、イエスのところに連れて行きます。そして、イエスはシモンと会って「あなたはシモンであるが、ケファ（岩という意味）と呼ぶことにする」と言われ、彼は新たに弟子となっていきます。彼らが漁師だったという元の職業については、ここではまったく触れられていません。また、呼ばれてきたシモンがどう思ったかも書かれていませんが、イエスさまは彼に、ニックネームをつけて受け入れてくださったのです。

そして、次に出会うのが、フィリポです。彼がどのようにしてイエスと出会ったのかはよく分かりませんが、アンデレとペトロと同じベトサイダというガリラヤ湖のほとりにある町の出身ですから、彼らからイエスのことを聞いたのかもしれません。イエスさまは彼に「わたしに従いなさい」と言われます。

フィリポの名前は、他の福音書の弟子たちのリストにも挙げられています。そして、使徒言行録にも、フィリポがキリスト教会でステファノと一緒に活躍し、各地への宣教活動を行ったことが記されています。そのフィリポが、自ら最初に声をかけたのが、ナタナエルです。これは、ヨハネによる福音書だけに出てくる名前です。二一章に復活のイエスと七人の弟子が会ったという記述がある中に、ナタナエルの名前があります。彼は、フィリポから「昔から預言されていた方に出会った。それはナザレ出身のヨセフの子イエスだ」と聞くのですが、「ナザレから何か良いものが出るだろうか」と言って、最初は信用しないのです。ナザレという村は、小高い山の上にある小さな村で、旧約聖書には出てきません。当時のユダヤ人の常識では、ナザレは、預言者が書いていたメシアの出現してくる場所とはまったくイメージできない、あまり意味のない、存在感の薄い村だったようです。彼はその自分が持っているイメージとか、常識から考えて、そんなはずはないだろう、と思ったのでしょう。

そんな彼にフィリポは、「来て見なさい」と言います。それでフィリポに連れられてイエスのところへ向かって行くと、イエスはその姿を見ただけで彼がどういう人物か見抜いたような発言をします。「見よ、まことのイスラエル人だ」「いちじくの木の下にいるのを見た」。これも少し謎めいて意味がよく分からない箇所ですが、いちじくの木はよく成長して葉が大きく茂るので、当時はその木の木陰で律法の話を聞いたり、祈ったりするような集まりがよく行われていた、とも言われています。そうやって、神の救いの時を待ち望んでいたイスラエルの人々全体を象徴している存在なのかもしれません。最初は、ナザレからメシアが出現するはずがない、という疑いも彼らの思いを表しているのかもしれません。イエスさまは彼に対して、天の神と人の子（つまりメシアであるイエス）の間を、天使（つまり聖霊）が昇り降りするのを見るだろう、と予告されるのです。

私たちがどうしてこの世にあって、目に見えない神を信じる信仰をもつようになるのか、それはうまく言葉で論理的に説明することはできないのですが、まず聖書の御言葉に触れて、それが繰り返し少しずつ心の中に降り積もっていって、いつの間にか気がついたら種から芽を出していた、という感じです。神の言葉が、その人の心の中にとどまっていれば、それが芽を出し、根を張っていきます。とどまらなければ、どこかに流れて消えてしまうのでしょう。それはその人にどう聖霊が働くのかということですが、それを知っているのは神様だけです。イエスさまはそれを知っていて、弟子となる人々の先を見通しておられたようです。

私は学校の教員として授業で聖書の言葉は語り伝えますが、それを聞いた学生たちの中で御言葉がどうなっていくのか、ということは分かりません。芽が出てくるのを見られることはめったにありません。しかし、ごく稀に教会に行くようになる学生が出てきます。その彼らが、最終的にイエスが神の子、キリストだという信仰を持つことができる場、というのは教会です。信仰を持った者の共同体こそ、豊かな聖霊に満たされた場なのではないでしょうか。

イエスはアンデレに「来なさい。そうすれば分かる」と言いました。フィリポは、「来て、見なさい」とナタナエルに言いました。それはどこでしょうか。キリストであるイエスのところです。神の言葉がとどまっているところです。それは私たち教会であり、神の言葉がとどまっているキリスト者の心と体なのではないでしょうか。聖霊の導きによって、私たちがいつも聖なる宮として、神の言葉をとどめることができるよう祈り求めて、新たな年を共に歩んで行きましょう。

（二〇一二年一月一五日　大津聖マリア教会説教）

心を尽くし

聖霊降臨後第三一主日、B年、特定二六

彼らの議論を聞いていた一人の律法学者が進み出、イエスが立派にお答えになったのを見て、尋ねた。「あらゆる掟のうちで、どれが第一でしょうか」。イエスはお答えになった。「第一の掟は、これである。『イスラエルよ、聞け、わたしたちの神である主は、唯一の主である。心を尽くし、精神を尽くし、思いを尽くし、力を尽くして、あなたの神である主を愛しなさい』。第二の掟は、これである。『隣人を自分のように愛しなさい』。この二つにまさる掟はほかにない」。律法学者はイエスに言った。「先生、おっしゃるとおりです。『神は唯一である。ほかに神はない』とおっしゃったのは、本当です。そして、『心を尽くし、知恵を尽くし、力を尽くして神を愛し、また隣人を自分のように愛する』ということは、どんな焼き尽くす献げ物やいけにえよりも優れています」。イエスは律法学者が適切な答えをしたのを見て、「あなたは、神の国から遠くない」と言われた。もはや、あえて質問する者はなかった。

（マルコによる福音書一二章二八―三四節）

これは、あなたたちの神、主があなたたちに教えよと命じられた戒めと掟と法であり、あなたたちが渡って行って得る土地で行うべきもの。あなたもあなたの子孫も生きている限り、あなたの神、主を畏れ、わたしが命じるすべての掟と戒めを守って長く生きるためである。イスラエルよ、あなたはよく聞いて、忠実に行いなさい。そうすれば、あなたは幸いを得、父祖の神、主が約束されたとおり、乳と蜜の流れる土地で大いに増える。

聞け、イスラエルよ。我らの神、主は唯一の主である。あなたは心を尽くし、魂を尽くし、力を尽くして、あなたの神、主を愛しなさい。

今日わたしが命じるこれらの言葉を心に留め、子供たちに繰り返し教え、家に座っているときも道を歩くときも、寝ているときも起きているときも、これを語り聞かせなさい。更に、これをしるしとして自分の手に結び、覚えとして額に付け、あなたの家の戸口の柱にも門にも書き記しなさい。

（申命記六章一―九節）

これは、律法学者からの「ユダヤの律法の中で最も重要な掟は何なのか」という問いにお答えになったイエスさまの言葉です。そして、この答えに対して、律法学者はそのとおりだと同意しています。それは当然のことで、厳格に信仰を守るユダヤ教徒は、この掟を「シェマの祈り」として毎日のように唱えていたのです。「シェマ」というのは、今日の旧約聖書の申命記の六章四節の「聞け、イスラエルよ」の「聞け」という言葉です。

ですから、神を愛し、隣人を愛する、ということが最も大切だ、という本質の部分では、イエスと律法学者は一致していますし、大きく言えばその部分ではキリスト教もユダヤ教も同じ教えを共有していると言えるでしょう。「モーセの十戒」という旧約聖書に記された有名な掟がありますが、これも内容をよく考えてみると、前半は神を愛することについての掟で、後半部分は隣人を愛することについての掟になっています。

しかし、紀元前から継承されてきたその掟は、長い歴史の中でさまざまな捉え方をされるようになっていきました。ですから、同じ教えを共有している者同士であっても、イエスと律法学者たちは、律法の解釈の違いからいろいろと論争をしなければならなかったのです。福音書にはその違いによる論争の数々が記されていて、一致したのはこの部分だけのようです。何を大切にどう生きることが本当に神様の御心にかなうことなのか。言葉としてはよく耳にする教え、よく知っているその教えを毎日の生活の中でどう生かすのか、どう生きるのか、ということが信仰者に問われています。それは、私たちに対する問いでもあります。神を愛する、とはどういうことか、問われたら皆さんはどうお答えになるでしょうか。
「神を愛する」ということについて、ユダヤ教のあるラビがこう語ったそうです。「神を愛する、ということは、朝起きて目がさめたら、神様が今日のこの世界をご覧になったらいったい何を心配して見ておられるだろうか、ということを思い巡らして考えることだ」。

私はこの話を聞いて、なるほど面白いなと思いました。視野のスケールが大きいし、これはキリスト教も共有できる神観なのではないか、と思います。

実は、このエピソードを紹介したのは、ある有名なキリスト教の女性の神学者です。彼女はこの話からインスピレーションを得て、自分の神学を構築していきました。それは、いわば「繕いの神学」というものなのですが、例えば洋服の一部が傷んでほころんだり、破れたりしたら、針と糸で繕いますね。そのように神様がこの世界をご覧になったら、「これで良し」とは言えないような、さまざまな傷やほころびや破れがあって、これはいかんなあ、と心配なさるだろう。だから、そのほころびや破れ、傷を治そう、癒そうとされる神様と共に繕っていこう、神様から力をいただいて私たち人間がそのほころびを繕うわざに参与していくことが、神を愛するということではないか、という神学なのです。そうして、神の平和、主の平和がこの世に実現することを祈り求めていきましょう、という神学です。

この世界における傷や破れを、どこに、どう感じて、誰に心を寄り添わせていくのかは人によってさまざまですし、またさまざまであるほどいいのだと、私は思います。ただ、日本に住んで生活している私たちにとって、共通して忘れてはいけない「破れ」「痛み」として、昨年の東日本大震災の出来事があります。すでに多くの方々がいろんな形でこれまで復興支援活動に関わってきておられると思います。三・一一から、もうすぐ一年八カ月になります。

私は一〇日ほど前に、「キリスト教学校は東日本大震災をどう受け止めるか」という講演を聞く機会がありました。講師は上智大学グリーフケア研究所所長の高木慶子さんでした。この方はカトリックのシスターですが、尼崎でのＪＲ脱線事故以来、メディアにも登場され、本も何冊か書いておられます。そして、大震災の被災者のグリーフケアにずっと関わっておられる方です。私は直接講演を聞くのは初めてでしたが、物事をはっきり率直に分かりやすくお話なさる方でした。このシスターがキリストの声を聞いたのは中学二年生の時だそうです。その内容は「私があなたをここまで大切にしていることの愛を他の人に伝えなさい、シスターとなって伝えなさい」、です。

彼女はその頃はカトリックの学校に通っていたのですが、実はシスターが大嫌いだったということで、困ったなあ、と思ったそうです。でも結局、神の愛を人々に伝える教育活動に携わるシスターとなられたのです。大震災という、私たちにとっての大きな「破れ」をどう受け止めるか、という彼女のお話を少しご紹介しましょう。

彼女は「キリスト教学校」とは、キリスト様の心をもって教育にあたる学校であるのだから、キリスト様がこの大震災をどのように受け止めておられるか、と思い巡らしてそれを語り伝えなくては、と言います。その内容とは、……地震は神様の創造された地球の変動であって、その結果人間が害を受ける場合に「災害」となる。しかし人に害が及ばなければ、ただの自然現象。人間は地球という大自然の中で生活している存在であり、人間はこの大自然を思いのままに支配することはできない、ということを理解しなくてはいけない。特に日本は地震の多い国であるので、そんな国に危険なものを置いてはいけない。大自然と共生共存して生きているのであって、地球に生きる生命は、生きるためのすべての命の糧を大自然から受けていることを認識しておかなくてはならない。そして、「災害」は天罰ではないということ。「キリスト様はこう言っておられるのではないか、と私は思います」と、シスターは言われて、被災者に対してもはっきりそう伝える、と語られました。

「なぜ、神様は私をこんな苦しいめにあわせるのでしょうか。私は何か悪いことをしたのでしょうか」。大震災の被災者からたびたびこう聞かれたそうです。それは、人生の中で思いがけずとても苦しいこと、悲しいことに遭遇してしまった多くの人々が抱く疑問です。被災者でなくとも、例えば、突然重い病気であることが分かったときなどにも、私たちは「神様はどうしてこんな苦しみを与えられるのかしら、私が何か悪いことをした罰なのだろうか」と思うのではないでしょうか。

そういう時には、神様は本当に私を愛してくださっているのだろうか、という疑問もわいてきますし、そうなると「心を尽くして神を愛する」ことも難しくなってきます。しかし、それは天罰ではありません。人生において悪いことが起きれば神の罰だ、と考えてしまうことは、神のレベルを人間のレベルに引き下ろすことで、愚かなことです、とシスターは断言します。人間が子どもを育てるときに、良いことをすれば褒めて、悪いことをすれば罰を与えてしつけをします。だからそのことを神様に当てはめて、何か悪いことが起きれば神の罰だ、と思ってしまう癖が人間にはあるのです。

確かに、信仰をもつ人も、そして特定の信仰をもたない人もしばしば天罰という考えを口にします。しかし、よく思い出してください。イエス・キリストは、あの時代に、こういう神の罰のために病気になったと見なされ、思い込まされていた人々に、そうではない、神の救いはあなたがたにある、ということを知らせるために、さまざまな多くの癒しのわざをなさったのです。そして、苦しみ、悲しみを抱えながらも救われたいという祈りの心を失わなかった人々に、「あなたの信仰があなたを救った」と祝福してくださいました。

人生の中で起こる苦しみや悲しみ、その意味を私たち人間は生きている間にはなかなか悟ることができません。そして、一人ひとりはこの「悲しみ」を背負って人生を生き続けて、死を迎えるのではないでしょうか。その時には、すべての苦しみ、悲しみの意味を知っておられる主なるキリストが、憐れみの御手を広げて私たちを迎え入れてくださるでしょう。その神の愛を信じる信仰を、私たちは神様から与えていただいています。

ですから、その時が来るまで、私たちはこの地上の世界にあって、神を賛美し、神に感謝して、喜びをもって、心を尽くして神を愛し、そしてこの世界の破れを繕う神のわざに参与し、隣人を愛する道を共に歩んでいきましょう。

（二〇一二年一一月四日　京都聖マリア教会説教）

マリアは初めての子を産み

降誕日礼拝、C年

そのころ、皇帝アウグストゥスから全領土の住民に、登録をせよとの勅令が出た。これは、キリニウスがシリア州の総督であったときに行われた最初の住民登録である。人々は皆、登録するためにおのおの自分の町へ旅立った。ヨセフもダビデの家に属し、その血筋であったので、ガリラヤの町ナザレから、ユダヤのベツレヘムというダビデの町へ上って行った。身ごもっていた、いいなずけのマリアと一緒に登録するためである。ところが、彼らがベツレヘムにいるうちに、マリアは月が満ちて、初めての子を産み、布にくるんで飼い葉桶に寝かせた。宿屋には彼らの泊まる場所がなかったからである。

その地方で羊飼いたちが野宿をしながら、夜通し羊の群れの番をしていた。すると、主の天使が近づき、主の栄光が周りを照らしたので、彼らは非常に恐れた。天使は言った。「恐れるな。わたしは、民全体に与えられる大きな喜びを告げる。今日ダビデの町で、あなたがたのために救い主がお生まれになった。この方こそ主メシアである。あなたがたは、布にくるまって飼い葉桶の中に寝ている乳飲み子を見つけるであろう。これがあなたがたへのしるしである」。すると、突然、この天使に天の大軍が加わり、神を賛美して言った。

「いと高きところには栄光、神にあれ、
地には平和、御心に適う人にあれ」。

天使たちが離れて天に去ったとき、羊飼いたちは、「さあ、ベツレヘムへ行こう。主が知らせてくださったその出来事を見ようではないか」と話し合った。そして急いで行って、マリアとヨセフ、また飼い葉桶に寝かせてある乳飲み子を探し当てた。その光景を見て、羊飼いたちは、この幼子について天使が話してくれたことを人々に知らせた。聞いた者は皆、羊飼いたちの話を不思議に思った。しかし、マリアはこれらの出来事をすべて心に納めて、思い巡らしていた。羊飼いたちは、見聞きしたことがすべて天使の話したとおりだったので、神をあがめ、賛美しながら帰って行った。

（ルカによる福音書二章一―二〇節）

マリアは初めての子を産み

クリスマス、おめでとうございます。

神様は、私たちと世界中の人々の救いのために、御子イエス・キリストをこの世に誕生させてくださいました。そのご降誕に感謝し、賛美する物語がルカによる福音書とマタイによる福音書に記されています。その内容は、おそらく原始キリスト教会の人々によって書かれたフィクションです。実際的には、イエスさまがどこで、いつ、どのようにして誕生されたのかは分かりません。しかし、それにもかかわらずこの降誕物語は、全世界の教会でクリスマスのたびに語り継がれ、キリスト降誕の意味を私たちに教えてくれています。私は、毎年クリスマスが近づいてきた頃に、大学での授業で学生にクリスマスの意味を説明して、降誕物語を描いたＤＶＤを見せています。その受講生の感想のコメントの一部をご紹介します。

「羊飼いがイエスを見に来たり、東方の博士たちが贈り物を持ってきたり、みんなイエスが誕生したことによって救い主が到来し、愛と平和が訪れることを心から喜んでいるように見えた」「私は中学くらいまでは、クリスマスは彼女と過ごす恋愛重視的なイベントだと勝手に思っていた。キリストの降誕を祝うなど考えたこともなかった」「クリスマスがキリスト教と関係あるなんて知らなかった」「今年はクリスマスに本当の意味での隣人愛、神の愛を感じてみたいと思います」。

素晴らしいフィクションや物語は、人の心の内面の真実を表現して、多くの人々の心を大きく揺さぶります。聖書にはそういう優れた物語が溢れており、降誕物語もそのうちの一つです。そして、世界各地の作家たちもクリスマスに関わる物語をたくさん書いてきました。

ある小説の書き出しはこうです。

「一ドル八七セント。これで全部だった。しかもそのうちの六〇セントは一セント玉ばかり」。

貧しい、若い夫婦がクリスマスを迎えた時の物語です。貧しい二人にとっての宝物はたった二つ。妻デラのとび色の長く美しい髪、そして夫のジムが父から譲り受けた立派な金時計です。そして、デラは日常のごく小さなことでも無言の短い祈りを唱える癖がありました。彼らはお互いのクリスマス・プレゼントを買うお金がなかったのです。でも何とか喜ばせたかった。それで、デラはさんざん悩んだあげく、自分の長い髪の毛を髪結い屋に売って、夫の金時計につける素敵な鎖を買います。

一方、ジムはデラが以前ショーウィンドーでじっと見つめていた鼈甲《べっこう》の高価な飾り櫛を買うために、金時計を売ってしまったのです。ですから、お互いのために苦労して手に入れたプレゼントは二人とも使えないものになってしまった。なので、妻のプレゼントを知った時にジムは驚くのですが、こう言います。

「ぼくたちのクリスマス・プレゼントは、このまま片付けて、しばらくのあいだしまっておくことにしよう。あんまり素敵なので、今すぐ使うわけにはいかないからね」。

ご存知の方もおられると思います。これはアメリカの作家オー・ヘンリーの『賢者の贈り物』です。彼は今から約一五〇年前の一八六二年生まれ。ニューヨークで短編小説を連載して大人気を博した作家です。彼は、この物語の最後にこう書いています。「最後の言葉として一言。これだけはぜひ述べさせていただきたい。すなわち、贈り物をするあらゆる人の中で、この二人こそ、最も賢明な人たちだったと。贈り物をしたり、贈り物を受けたりするあらゆる人の中で、この二人と同じような人たちこそ、最も賢明な人たちなのだ。その人たちこそ、ほんとうの賢者なのだ」。

この物語の中で最も大切なのは、目に見えるプレゼントそのものではなく、この二人の目には見えない暖かい心、思いやり、愛する人を喜ばせたいという思いです。目には見えるプレゼントは、目に見えないものを象徴しているから、素敵なのです。

実は、オー・ヘンリーは人気作家となる以前の若い時代には、職業を転々としてかなり貧しい生活をしていたそうです。そして妻と子どももいました。ところが、ある時彼は横領の疑いをかけられて、裁判所に向かう途中で逃亡してしまいました。彼が逃亡生活を送っていたその間、残された妻は自分で手仕事をして生活し、彼を責めることはなかったといいます。そして、体を壊して死の床についてしまいました。この妻は、とび色の髪をしていて、日常生活で無言の短い祈りをする癖があった、すなわち物語の中の「デラ」はヘンリーの亡くなった妻がモデルだと言われています。危篤の知らせが届いてから、彼は急いで妻のもとに戻りましたが、亡くなってしまったのです。

　ですから、この物語はこの作家が空想して書いたのではなく、自分が逃亡したために苦労をかけた末に亡くなった妻を思って、彼女への愛と感謝と懺悔の気持ちを込めて書いたのではないか、と思います。作家の現実の体験を通して、深く心の中にある思いを、目に見えるかたちにした物語です。だからこそ、この物語も世界中の多くの人々に語り継がれ、多くの人々の心に刻まれているのだと思います。

　今日の日課の福音書は、羊飼いたちへの天使からのお告げの物語です。クリスマスのたびに教会で読まれる有名な物語です。この物語を書いて、語り継いだ原始キリスト教会の方々は、どんな体験や思いをこの物語に込めたのでしょうか。

　ルカによる福音書の執筆の特徴はいろいろありますが、その一つは貧しい者への福音ということです。ここでの羊飼いは、当時のユダヤ社会での貧しい人々を象徴しているのだ、と言われていることはご存知だと思います。そして、注目しておきたい特徴は、キリスト降誕に至る物語の中で、母マリアに関する記述が多い、ということです。マリアへの受胎告知も、エリザベトに相談に行ったこととか、マリアの賛歌も、ルカによる福音書にしかない記述です。イエスを神の子、キリストと信じる信仰を最初に抱くようになった人々は、その新たな内面的な体験の中で、大きな喜びと同時に大きな不安を抱いていたのではないか、と私は想像します。キリストの福音は、他の古代宗教と違って、強い力をもった支配者のためのものではなく、弱く小さな者への愛を語っています。富める者への福音ではなく、貧しく苦しい生活をしている者への福音を語っています。そして、その教えを語ったイエス自身は、すでに十字架にかけられて殺されてしまいました。なおかつ、まだキリスト教迫害が激しかった時代です。しかしそれでもキリスト教信仰を自分たちの心の中に受け入れて、それを大切に育てた人々。その信仰共同体の人々の思いが、マリアに投影されているのではないでしょうか。天使からのお告げを聞いて、それを信じて、「飼い葉桶に寝かせてある乳飲み子を探し当てた」。

その幼子が眠る飼い葉桶は、彼らが主イエス・キリストを受け入れた心を表現しているのではないでしょうか。

「マリアはこれらの出来事をすべて心に納めて、思い巡らしていた」。

イエスが、他の人々が言うように、ほんとうに神の子、キリストなのだろうか、そういう不安や葛藤を持ちながら、イエスをキリストと信じる心を、信仰を持ち続け、育て続けていったのでしょう。

その思いがこの物語を生み出したと言えるかもしれません。

私たちの心の中の飼い葉桶はすでに整えられているでしょうか。そこに最も小さな者であるイエス・キリストをそっと大切に包み込んで、静かに受け入れて、そして大切に育てていきましょう。私たちがこの世で体験するさまざまな出来事を思い巡らしながら、与えられた信仰を育てていきましょう。

主イエス・キリストは、目には見えない神様の憐れみ、慈しみ、愛を、目に見える形で分かるように私たちに示してくださるために、この世に来てくださいました。キリストを信じた人々が、それを聖書に書き記して私たちに伝えてくれました。

神様からの私たちへの贈り物は、神の子、主イエス・キリストであり、そして「私たちといつも共にいてくださる」という信仰です。私たちはその光を受け取り、飼い葉桶の中で大切に育ててきました。そこには主なる神の恵みと真理とが満ちています。

私たちは、そのことに心から感謝して、神を賛美しながら、この世へと出て行きましょう。そして、私たち自身の生涯を、神様への贈り物としてお献げしましょう。

（二〇一二年一二月二五日　大津聖マリア教会説教）

復活――絶望から希望へ

復活日、C年

そして、週の初めの日の明け方早く、準備しておいた香料を持って墓に行った。見ると、石が墓のわきに転がしてあり、中に入っても、主イエスの遺体が見当たらなかった。そのため途方に暮れていると、輝く衣を着た二人の人がそばに現れた。婦人たちが恐れて地に顔を伏せると、二人は言った。「なぜ、生きておられる方を死者の中に捜すのか。あの方は、ここにはおられない。復活なさったのだ。まだガリラヤにおられたころ、お話しになったことを思い出しなさい。人の子は必ず、罪人の手に渡され、十字架につけられ、三日目に復活することになっている、と言われたではないか」。そこで、婦人たちはイエスの言葉を思い出した。そして、墓から帰って、十一人とほかの人皆に一部始終を知らせた。それは、マグダラのマリア、ヨハナ、ヤコブの母マリア、そして一緒にいた他の婦人たちであった。婦人たちはこれらのことを使徒たちに話したが、……。

（ルカによる福音書二四章一―一〇節）

そこで、ペトロは口を開きこう言った。「神は人を分け隔てなさらないことが、よく分かりました。どんな国の人でも、神を畏れて正しいことを行う人は、神に受け入れられるのです。神がイエス・キリストによって――この方こそ、すべての人の主です――平和を告げ知らせて、イスラエルの子らに送ってくださった御言葉を、あなたがたはご存じでしょう。ヨハネが洗礼を宣べ伝えた後に、ガリラヤから始まってユダヤ全土に起きた出来事です。つまり、ナザレのイエスのことです。神は、聖霊と力によってこの方を油注がれた者となさいました。イエスは、方々を巡り歩いて人々を助け、悪魔に苦しめられている人たちをすべていやされたのですが、それは、神が御一緒だったからです。わたしたちは、イエスがユダヤ人の住む地方、特にエルサレムでなさったことすべての証人です。人々はイエスを木にかけて殺してしまいましたが、神はこのイエスを三日目に復活させ、人々の前に現してくださいました。しかし、それは民全体に対してではなく、前もって神に選ばれた証人、つまり、イエスが死者の中から復活した後、御一緒に食事をしたわたしたちに対してです。そしてイエスは、御自分が生きている者と死んだ者との審判者として神から定められた者であることを、民に宣べ伝え、力強く証しするようにと、わたしたちにお命じになりました。また預言者も皆、イエスについて、この方を信じる者はだれでもその名によって罪の赦しが受けられる、と証ししています」。

（使徒言行録一〇章三四―四三節）

さて、あなたがたは、キリストと共に復活させられたのですから、上にあるものを求めなさい。そこでは、キリストが神の右の座に着いておられます。上にあるものに心を留め、地上のものに心を引かれないようにしなさい。あなたがたは死んだのであって、あなたがたの命は、キリストと共に神の内に隠されているのです。あなたがたの命であるキリストが現れるとき、あなたがたも、キリストと共に栄光に包まれて現れるでしょう。

（コロサイの信徒への手紙三章一―四節）

復活日、イースターのこの時に、今年も皆さんと共に礼拝をお献げすることができますこと、嬉しく思います。特に今日は、この教会の皆さんにとって長年の夢でもありましたエレベータを設置することができたことをお祝いする日ともなりました。これまで足腰の悪い方々は、この礼拝堂に上がってくるのに大変しんどい思いをされてきたことと思います。そして、階段を上がれないから礼拝に出席できないと思って断念された方もおられたのではないかと思います。しかし、これからは安心して礼拝に出席できるようになります。喜ばしいことです。今日こうしてまた一つ、教会の皆様の思いが結実して、目に見えるかたちで教会が新たにされていく、喜ばしい一歩だと思います。

「復活」の出来事は、死と再生の物語です。無から有へ移行していく不思議な出来事です。そして、絶望の中から希望が生まれてくるという真実でもあります。主イエス・キリストの死と復活の出来事は、私たちの信仰の根幹であり、中心であり、一度きりの特別な出来事です。そして、信仰を持つか持たないかに関わらず、人間はだれでも、生きていく中で、絶望の中から希望を見出す力となる何かが、絶対に必要です。聖書がこれほど長く、多くの人々に長く読まれ、語り継がれているのは、その希望を見出す力が私たちに与えられていることを思い起こさせてくれるからかもしれません。

ちょうど今日は、あちらこちらで桜が満開を迎えているでしょう。そして、NHKの大河ドラマ「八重の桜」をご覧になっている方も多いかと思います。このタイトルをつけたのは、NHKのプロデューサーだそうですが、「桜」を持ってきた理由は一昨年の東日本大震災です。春になれば必ず桜が咲きます。被災された方々に「頑張ってください」というエールを送るには桜がベストだ、ということで決まったそうです。被災者の方々が生きる希望を見出す力になるための物語を提供したいという意図があって、八重が主人公に選ばれた、と聞いています。復興のシンボルとしての桜のイメージと、そしてそれに重ねて八重の生涯が今、物語られつつあるわけです。

新島八重に関する資料は少ないですし、彼女の社会的業績もあまり多くはありません。

戊辰戦争で戦った女性の中には、後に社会福祉事業家となった瓜生岩子《うりゅういわこ》という人がいます。戊辰戦争の時に多くのけが人を手当した、ということで「日本のナイチンゲール」と言われ、瓜生岩子記念館も建てられています。それから、岩倉使節団と一緒に、最初の女子留学生としてアメリカに渡った山川捨松（本名・咲子）も、八重とともに鶴ヶ城に篭城した女性の一人です。彼女は、「鹿鳴館の華」とも言われて、その時代の最先端を歩んだ女性としても有名、そして津田梅子の教育事業の支援者としても有名です。

こういう女性たちと比較すると、知名度も業績も少ない「八重」なのです。それでも彼女が選ばれたのはどうしてかと考えてみますと、彼女が危機的な状況においても勇敢に戦う女性であり、愛する人々の死に直面し、愛する故郷を離れざるをえない、という苦難の連続を体験しながらも、自分の新たな生き方を探し求めて、見出していった生涯だったからではないか、と私は思います。

八重についての本や文書がたくさん出ていますが、女性学研究者の山下明子さんが、「凛として生きる——クリスチャンの八重」という文章を掲載してある本があります。八重は、明治四年に兄の覚馬のいる京都に引っ越してきて、明治九年一月に宣教師デイヴィスから洗礼を受けてクリスチャンとなり、翌日に襄と結婚しています。八重は、襄と出会う前から聖書を学んでいますし、周りの人々の非難をものともせず対等な夫婦と

して の暮らしぶりを見せていますから、洗礼は彼女自身の信仰的決断だった、と考えられます。しかし、彼女は対等な夫婦として生きたからこそ、当時の教会やクリスチャンには好感をもって受け入れられていなかったのです。「悪妻」とか「烈婦」だとか「鵺のような女」とか、周辺の男性から悪口を言われていたのは有名な話です。そのような非難の中で、彼女はどのような信仰をもって自分を支えていたのか。それについて、山下明子さんはこのように分析して書いておられます。

「キリスト教の幅は広いが、基本的にクリスチャンは、洗礼時に『自分の十字架を背負うこと』（ルカ九・二三）を、神（キリスト）と共に生きることとして受け入れる。信仰者はそれぞれの十字架を背負いながら、イエス・キリストとその共同体（教会）につながっていくことができる。言葉にならない不条理な苦しみであっても、それを抱えたままでイエスに救われるという神秘的な、あるいは直感的な信仰心だともいえる。……八重は、イエスの十字架によって会津の死者たちとつながり直し、自身の内側にある深い喪失感を、復活の希望へと変えたのではないだろうか」。

この言葉を繰り返し読みながら、私は福音書の最後にある復活の物語のマグダラのマリアを含む女性たちのことを思い起こしました。彼女たちこそ最初の復活信仰を持ったクリスチャンです。彼女たちは、イエスの死を目の当たりにし、愛し信頼した師を失った悲しみの中で、彼が負った十字架の意味を直感的に悟り、肉体的な死の出来事を超えて、キリストが共に生きていてくださるのだという信仰を、喜びと希望をもって告げ知らせていきます。女性の弟子たちが具体的にどのような言葉で福音を宣教していったかは、詳しくは書かれていないのでよく分かりません。しかし、彼女たちはそれぞれに自分の十字架を背負ってキリストと共に歩む道を、心のうちに喪失感を抱きながらも、喜びと希望をもってその後も進んでいったのだろうと思います。

私たちもそれぞれに自分の十字架を負っています。そのかたちはさまざまに異なっていて多様性がありますけれど、キリストはすべてをご存知で、十字架を負って歩むすべての人と共に歩んでくださっています。そうして、私たちをいつも見守り導いて、神の国に招いてくださっています。イースターおめでとうございます。主の御名を賛美しましょう。

（二〇一三年三月三一日　大津聖マリア教会）

わたしの羊は

復活節第四主日、C年

そのころ、エルサレムで神殿奉献記念祭が行われた。冬であった。イエスは、神殿の境内でソロモンの回廊を歩いておられた。すると、ユダヤ人たちがイエスを取り囲んで言った。「いつまで、わたしたちに気をもませるのか。もしメシアなら、はっきりそう言いなさい」。イエスは答えられた。「わたしは言ったが、あなたたちは信じない。わたしが父の名によって行う業が、わたしについて証しをしている。しかし、あなたたちは信じない。わたしの羊ではないからである。わたしの羊はわたしの声を聞き分ける。わたしは彼らを知っており、彼らはわたしに従う。わたしは彼らに永遠の命を与える。彼らは決して滅びず、だれも彼らをわたしの手から奪うことはできない。わたしの父がわたしにくださったものは、すべてのものより偉大であり、だれも父の手から奪うことはできない。わたしと父とは一つである」。

（ヨハネによる福音書一〇章二二―三〇節）

主はまたモーセに言われた。「このアバリム山に登り、わたしがイスラエルの人々に与えた土地を見渡しなさい。それを見た後、あなたもまた兄弟アロンと同じように、先祖の列に加えられるであろう。ツィンの荒れ野で共同体が争ったとき、あなたたちはわたしの命令に背き、あの水によって彼らの前にわたしの聖なることを示そうとしなかったからだ」。このことはツィンの荒れ野にあるカデシュのメリバの水のことを指している。

モーセは主に言った。「主よ、すべての肉なるものに霊を与えられる神よ、どうかこの共同体を指揮する人を任命し、彼らを率いて出陣し、彼らを率いて凱旋し、進ませ、また連れ戻す者とし、主の共同体を飼う者のいない羊の群れのようにしないでください」。主はモーセに言われた。「霊に満たされた人、ヌンの子ヨシュアを選んで、手を彼の上に置き、祭司エルアザルと共同体全体の前に立たせて、彼らの見ている前で職に任じなさい。あなたの権威を彼に分け与え、イスラエルの人々の共同体全体を彼に従わせなさい。彼は祭司エルアザルの前に立ち、エルアザルは彼のために、主の御前でウリムによる判断を求めねばならない。ヨシュアとイスラエルのすべての人々、つまり共同体全体は、エルアザルの命令に従って出陣し、また引き揚げねばならない」。

モーセは、主が命じられたとおりに、ヨシュアを選んで祭司エルアザルと共同体全体の前に立たせ、手を彼の上に置いて、主がモーセを通して命じられたとおりに、彼を職に任じた。
（民数記二七章一二―二三節）

復活節第四主日は、教会の暦では、私たちにとって「良き羊飼い」である主イエス・キリストの復活を思い起こす日とされています。

「羊飼い」と「小羊」という言葉は、旧約聖書にも新約聖書にも、何度も出てきます。さまざまな比喩に用いられています。今日の旧約聖書の民数記は、モーセが、エジプトからイスラエルの民を導き出して約束の地カナンに連れて行く使命をあと少しで果たせるという時に、神様からもうお前の命は終わるのだと告げられた場面です。モーセはそれに対して神様に文句や不平を言うのではなくて、自分がいなくなった後に、イスラエルの共同体が「飼う者のいない羊の群れのようにしないでください」とお願いしています。モーセは、自分の生死よりも、それまでずっと世話をしてきた人々のことを心配しているのです。そうしたら、神はヨシュアをあなたの後継者としなさいと答えてくださった、という箇所です。

つまり、ここでは「羊飼い」は、神様からの使命を受けてイスラエルの共同体を約束の地まで連れて行く指導者、モーセです。旧約の他の箇所、例えばエゼキエル書三四章では、主なる神自身が、イスラエルの民の「羊飼い」として、散り散りになった羊の群れを探し出して、彼らの世話をする、と書かれています。そして、彼らのために、神はダビデを牧者として遣わす、と。このように、神様の愛は、羊飼いの愛として伝えられています。

イエスさまの「わたしは良い羊飼いである」という有名な言葉は、ヨハネによる福音書の一〇章一一節と一四節にあります。「良い羊飼いは、羊のために命を捨てる」。「わたしは自分の羊を知っており、羊もわたしを知っている。それは、父がわたしを知っておられ、わたしが父を知っているのと同じである」。

これらの言葉は、ヨハネ福音書にしかないイエスの言葉です。他の福音書にはありません。ですから、これはイエスが十字架上で殺された後に誕生した原始キリスト教会の人々が、このようにイエスさまを「良き羊飼い」と信じた、その信仰の証として記されたものであると思われます。

イエスが十字架上で殺された後、弟子たちは、まさに「飼う者のいない羊の群れ」という状態だったろうと思います。自分たちが、神の子、メシアと信じた人物が、あっけなく逮捕され、死刑囚として殺されてしまった。彼らはもしかしたら、モーセが海を真っ二つにしたように、神が劇的な奇跡を起こしてイエスを救い出してくれるという出来事を期待していたのかもしれません。しかし、奇跡は起こらなかった。自分たちがイエスをメシアと信じたのは間違いだったのか。そういう絶望的な状態だったはずなのです。おそらく、イエスの死後、弟子たちの多くは散り散りになり、傷心のまま故郷へ帰った者もいたでしょう。羊は散り散りになってしまった。そして、神様は彼らにはヨシュアのような後継者も、ダビデのような新たな牧者も、与えられなかったのです。

しかし、まもなくしてその散り散りになった羊たちが、再び一つにされていきます。彼らの「羊飼い」が再び現れたからです。羊たちが、聞き覚えのある羊飼いの声を、再び聞いたからです。そして、彼らは喜んでその声に従いました。それが、復活のキリストとの出会いです。そうして、絶望から立ち上がって、その後は恐れることなく、力強く福音を伝え始め、もう希望を失うことはありませんでした。

主イエスがこの世に生きておられたときには、弟子たちは何でもイエスさまに頼っていました。最後の晩餐のときも、どこで食事をすればいいかをイエスに聞いています。イエスの話を聞きに来た五〇〇〇人の人々がお腹をすかせているのでどうしたらいいか、と弟子たちはイエスに聞いています。イエスさまは、一旦はあなたがたで何とかしなさいと言うのですが、弟子たちは、「こんな人里離れたところでは食料を得ることもできないし……」、と答えるしかできませんでした。しかし、弟子たちは復活のキリストと出会って、イエスが羊飼いとしていつも共にいてくださるのだ、という確信を持ってからは、以前とはまったく違って主体的に自分から行動できるようになって、急激に人間的に成長していったのです。それは、目には見えない羊飼いの声を聞き分けることができるようになったからです。目に見える何かに頼るのではなく、その声を心で聞くことで神の御心にかなってキリストに従って生きる、その道を見出したのです。

この復活のイエスを覚える時期は、だいたい四月の新学期が始まった頃ですので、大学ではさまよえる小羊のようなたくさんの新入生を迎えております。彼らは、それぞれ高校生活で慣れ親しんだ環境、学校や、先生、友人たちと別れを告げて、大学生活を始めたばかりです。地方から来て一人暮らしを始めた学生は、家族とも離れています。大学入学というのは、希望に満ちた新たな旅立ちなのですが、若い彼らにとっては、かなりつらい喪失体験でもあります。それまでの友人関係がほとんどゼロになった状態で、入学式に臨んだ後、一週間も経たないうちに履修要項をしっかり読んで自分の時間割を作って、それをパソコンでＷＥＢ登録しなくてはいけないのです。そして、講義が開始したら、教室を探してウロウロしています。それまでは、あって当たり前だった関係性から離脱して、いきなり自立して動くことを求められる彼らは、相当大きなストレスを抱えています。

私は、そのような状態の彼らに学内礼拝のチャペルアワーで話をしました。高校生の時まで当たり前と思っていたさまざまな環境や人間関係を失ってみて初めて、それがどれだけ自分を支えてくれていたか、そのありがたみがわかるでしょうと言うと、何人もの学生が、ウンウンとうなずいていました。そして、私は彼らにイエス・キリストの復活の出来事の話をしました。事実として何が起こったかは分からないけれど、とにかく以前は何でもイエスさまに頼っていた弟子たちが、急にキリストに従う弟子としてのアイデンティティを取り戻して、自ら主体的に行動できるように成長していった、そうしてキリスト教が世界に広まっていったのです。だから、新入生の皆さんも大学生活の中で、自分のアイデンティティを主体的に見出していってね、とエールを送りました。

私のクラスを受講している学生が、後でチャペルアワー・レポートを書きました。「私は一人暮らしではないけれど、大学で学べること、これまで育ててくれたことに感謝しています。これからは感謝の気持ちをずっと持って頑張ります」。ちょっとびっくりしました。私は話の中では「だから感謝しなさいよ」というようなことはあえて言わなかったからです。それは彼の心に自然に起こっていることだと感じて、嬉しかったです。

弟子たちの心にも似たような思いが自然に起こったのではないかと想像します。生前のイエスさまに自分たちがどれだけ愛され、養われ、育てられてきたか、それを思い起こしたときに、感謝と賛美が、心に溢れてきたことでしょう。

私たちも感謝と賛美をもって、良き羊飼いである主イエス・キリストの声に耳を傾けながら、歩んでいきましょう。

（二〇一三年四月二一日　大津聖マリア教会説教）

まず第一に

聖霊降臨後第一八主日、特定二〇

このことを聞け。
貧しい者を踏みつけ
苦しむ農民を押さえつける者たちよ。
お前たちは言う。「新月祭はいつ終わるのか、穀物を売りたいものだ。安息日はいつ終わるのか、麦を売り尽くしたいものだ。エファ升は小さくし、分銅は重くし、偽りの天秤を使ってごまかそう。弱い者を金で、貧しい者を靴一足の値で買い取ろう。また、くず麦を売ろう」。
主はヤコブの誇りにかけて誓われる。
「わたしは、彼らが行ったすべてのことを
いつまでも忘れない」。

（アモス書八章四―七節）

そこで、まず第一に勧めます。願いと祈りと執り成しと感謝とをすべての人々のためにささげなさい。王たちやすべての高官のためにもささげなさい。

わたしたちが常に信心と品位を保ち、平穏で落ち着いた生活を送るためです。これは、わたしたちの救い主である神の御前に良いことであり、喜ばれることです。神は、すべての人々が救われて真理を知るようになることを望んでおられます。神は唯一であり、神と人との間の仲介者も、人であるキリスト・イエスただおひとりなのです。この方はすべての人の贖いとして御自身を献げられました。これは定められた時になされた証しです。わたしは、その証しのために宣教者また使徒として、すなわち異邦人に信仰と真理を説く教師として任命されたのです。わたしは真実を語っており、偽りは言っていません。

だから、わたしが望むのは、男は怒らず争わず、清い手を上げてどこででも祈ることです。
（テモテへの手紙一、二章一―八節）

イエスは、弟子たちにも次のように言われた。「ある金持ちに一人の管理人がいた。この男が主人の財産を無駄遣いしていると、告げ口をする者があった。そこで、主人は彼を呼びつけて言った。『お前について聞いていることがあるが、どうなのか。会計の報告を出しなさい。もう管理を任せておくわけにはいかない』。管理人は考えた。『どうしようか。主人はわたしから管理の仕事を取り上げようとしている。土を掘る力もないし、物乞いをするのも恥ずかしい。そうだ。こうしよう。管理の仕事をやめさせられても、自分を家に迎えてくれるような者たちを作ればいいのだ』。そこで、管理人は主人に借りのある者を一人一人呼んで、まず最初の人に、『わたしの主人にいくら借りがあるのか』と言った。『油百バトス』と言うと、管理人は言った。『これがあなたの証文だ。急いで、腰を掛けて、五十バトスと書き直しなさい』。また別の人には、『あなたは、いくら借りがあるのか』と言った。『小麦百コロス』と言うと、管理人は言った。『これがあなたの証文だ。八十コロスと書き直しなさい』。主人は、この不正な管理人の抜け目のないやり方をほめた。この世の子らは、自分の仲間に対して、光の子らよりも賢くふるまっている。そこで、わたしは言っておくが、不正にまみれた富で友達を作りなさい。そうしておけば、金がなくなったとき、あなたがたは永遠の住まいに迎え入れてもらえる。ごく小さな事に忠実な者は、大きな事にも忠実である。ごく小さな事に不忠実な者は、大きな事にも不忠実である。だから、不正にまみれた富について忠実でなければ、だれがあなたがたに本当に価値あるものを任せるだろうか。また、他人のものについて忠実でなければ、だれがあなたがたのものを与えてくれるだろうか。どんな召し使いも二人の主人に仕えることはできない。一方を憎んで他方を愛するか、一方に親しんで他方を軽んじるか、どちらかである。あなたがたは、神と富とに仕えることはできない」。

（ルカによる福音書一六章一―一三節）

今映画館で上映されている映画の中に、「風立ちぬ」という作品があります。私はかねてから観《み》たいと思っていましたので、どうにか都合をつけて、映画館に出かけました。皆さんよくご存知の宮崎駿監督のアニメーション映画で、しかも長編アニメとしてはこれが最後の作品になると、監督自身が語ったことでも知られています。この映画に関しては賛否両論の評価があるということを聞いていました。確かにこれまでのジブリ作品とは違って、子どもたちのために作られたアニメーションではなく、大人のための大人の映画だな、と私は感じました。家に帰ってからこの作品についての解説書を読むと、宮崎駿監督自身がこう語っているのを見つけました。

「『力を尽くして生きろ』というセリフが出てくるのですが、これは僕がこの作品を作っている時に、旧約聖書の伝道の書の『凡て汝の手に堪えることは力を尽くしてこれを為せ』という言葉から引用したもので、その後に『持ち時間は一〇年だ』と続けています」。そう書いてありました。

「伝道の書」は、新共同訳聖書では「コヘレトの言葉」となっている文書です。文語体の聖句で引用してあるのですが、新共同訳聖書でこの箇所を探してみました。見つけた聖句は、「何によらず手をつけたことは熱心にするがよい」という九章一〇節の言葉です。この後に続く言葉は「いつかは行かなければならないあの陰府には仕事も企ても、知恵も知識も、もうないのだ」です。つまり、いつかはやってくるこの世での終わりの時を心に覚えて、今は、自分がやり始めたことを一生懸命やりなさい、と言っているのです。

宮崎駿監督が、聖書を読んでインスピレーションを受けて、作品の中に盛り込んでいるのだということがはっきり分かって、私は何だかすっきりして、嬉しい気がしました。この監督の作品には他にも、聖書の言葉や物語からインスピレーションを受けたのではないかと思われるシーンがいくつもあったからです。特に今回は、伝えたいメッセージの中心が、聖書から引用した言葉だったのには、少し驚きました。

今回の「風立ちぬ」は、歴史上に実在した二人の人物の生涯をもとにして作られたフィクションになっています。作家の堀辰雄と、飛行機の設計者だった堀越二郎です。一九〇四年生まれと、一九〇三年生まれですから、もし今生きているとしたら、一一〇歳くらいですね。彼らが二〇歳頃に、関東大震災が起きました。そして、二〇代半ばで世界大恐慌が始りました。そして、二〇代後半で満州事変が起こり、三〇歳頃ドイツでナチス政権が成立し、日本は国際連盟を脱退した。そして二・二六事件、盧溝橋事件が起こり、日本が戦争へと突き進んでいく大正から昭和の時代に、彼らは青春を迎えたのです。不正が不正とは見なされず、正義が正義とは見なされない。何が真実であり、何が真理かも分からない。希望がまったく見出せない、矛盾に満ちた閉塞感漂う社会の中で、主人公の堀越二郎の生涯が描かれていきます。

その中でときどき、主人公の二郎が夢を見るシーンが出てきます。その夢に必ず出てくるのが、二郎が尊敬するイタリアの飛行機設計家のカペローニ伯爵という人物です。「君の一〇年を、力を尽くして生きなさい」というセリフは、実はこの人物が語っています。旧約聖書の物語でも、ヤコブが夢の中で神の言葉を聞いたシーンなどがありますが、それに少し似ていると思いました。この世の人間社会が、混乱と矛盾と不正義にまみれていても、その中でとにかく「一生懸命生きろ」というメッセージなのです。

旧約聖書のコヘレトの言葉には、この世での幸福を求めてあらゆることをやってみたが、人間が何をやっても結局空しいのだ、と何度も繰り返し書いてあります。けれど、唯一この文書に込められた大事なメッセージは、だからこそ、神を知り、神を信じて、与えられた命を一生懸命生きろ、ということです。

宮崎駿監督は、歴史に刻まれた日本社会の混乱と矛盾と不正義の時代を描きながら、それでもその中で一生懸命生きて美しい飛行機を設計した、そこに美しい映画作りを長年にわたって一生懸命続けてきた自分の人生を重ねていたのでしょう。そうして、今を生きる私たちに、そして未来を築く子どもたちや若者に、「力を尽くして生きろ」というエールを送る作品になっているのです。

今日の日課の聖書箇所に触れておきたいと思います。まず旧約聖書のアモス書ですが、貧しい者、弱い者が、抑圧する人間によって、ますます苦しめられている、けれど神様はしっかり見ているぞ、という預言です。そしてそのような不正に対する神の最後の審判を預言者は語っています。

福音書は、「不正な管理人のたとえ」になっていますが、さまざまな解釈がなされている少々難解な箇所です。ここでの「不正」とは何か、がよく分かりません。ただ、このたとえ話は、当時の社会で人々が自分の利益のためにさまざまな不正を当然のようにやっていたということを前提にして語られている、と想像できます。たとえば、高利貸しが、貸したお金に対して二五％、五〇％と法外な利子を取っていたのかもしれません。ですから、その高い利子をこの管理人が主人にだまって免除してあげれば貧しい人たちを助けることになるのです。どうせ不正をするならそういう不正をやってみたらどうだ、という皮肉なのかもしれません。主人が神様で、この借金が人間の罪にたとえられていると解釈すれば、主人が管理人のやり方を褒めたことは何とか分かりますが、そうでなければ、なぜほめるのかよく分かりません。このたとえ話では不正な富で友達を作りなさいというのですから、破れかぶれという感じがぬぐえないですね。この箇所は言葉通りに受け取るととんでもないことになります。

とにかく、自分の利益や富を得たいという自己中心的な思いを人間は持ってしまいがちであるし、そういう誘惑も多い。だからその誘惑に振り回されて、神を愛することを怠り、隣人を愛することを怠って人生を送るようでは駄目だよ、というメッセージが込められているのではないでしょうか。

今の日本は物質的に豊かで、戦争もしていません。しかし、生きづらさを抱える若者は多いです。ある若者が『絶望の国の幸福な若者たち』（古市憲寿著、講談社、二〇一五年）という本を紹介しながら、自分の生きづらさを語りました。私は、それをなるほどね、と聞きながら「絶望の国で絶望的な青春時代を送った人々は、これまでもたくさんいた」という思いが私の頭の中をよぎりました。

皆さんの中にも苦しい社会状況を経験しながら、その中でもまっすぐ生きる信仰を守ってこられた方々がおられることと思います。またすでに天国に行かれた方々の中にも多くおられることを思います。そういう先達者の方々によって、教会における信仰の礎が築かれてきたことを思います。

神様への願いと祈りと執りなしと感謝を、自分自身のためだけでなく、すべての人々のために捧げていきましょう。

（二〇一三年九月二二日　大津聖マリア教会説教）

主も最後まであなたがたをしっかり支えて

降臨節第一主日、B年

神の御心によって召されてキリスト・イエスの使徒となったパウロと、兄弟ソステネから、コリントにある神の教会へ、すなわち、至るところでわたしたちの主イエス・キリストの名を呼び求めているすべての人と共に、キリスト・イエスによって聖なる者とされた人々、召されて聖なる者とされた人々へ。イエス・キリストは、この人たちとわたしたちの主であります。わたしたちの父である神と主イエス・キリストからの恵みと平和が、あなたがたにあるように。

わたしは、あなたがたがキリスト・イエスによって神の恵みを受けたことについて、いつもわたしの神に感謝しています。あなたがたはキリストに結ばれ、あらゆる言葉、あらゆる知識において、すべての点で豊かにされています。こうして、キリストについての証しがあなたがたの間で確かなものとなったので、その結果、あなたがたは賜物に何一つ欠けるところがなく、わたしたちの主イエス・キリストの現れを待ち望んでいます。主も最後まであなたがたをしっかり支えて、わたしたちの主イエス・キリストの日に、非のうちどころのない者にしてくださいます。神は真実な方です。この神によって、あなたがたは神の子、わたしたちの主イエス・キリストとの交わりに招き入れられたのです。

（コリントの信徒への手紙一、一章一—九節）

「……気をつけて、目を覚ましていなさい。その時がいつなのか、あなたがたには分からないからである。それは、ちょうど、家を後に旅に出る人が、僕たちに仕事を割り当てて責任を持たせ、門番には目を覚ましているようにと、言いつけておくようなものだ。だから、目を覚ましていなさい。いつ家の主人が帰って来るのか、夕方か、夜中か、鶏の鳴くころか、明け方か、あなたがたには分からないからである。主人が突然帰って来て、あなたがたが眠っているのを見つけるかもしれない。あなたがたに言うことは、すべての人に言うのだ。目を覚ましていなさい」。

（マルコによる福音書一三章三三—三七節）

今日は降臨節第一主日です。教会の新しい一年が、このアドヴェントの期節から始まります。アドヴェントは、二つの意味で救い主の到来を待ち望む期間です。主イエスのご降誕を祝うクリスマスを待ち望むアドヴェント、そして世の終わりに救いが完成される前に再臨されるキリストを待ち望むアドヴェントです。クリスマスのことを思い出さない人は、いないでしょう。クリスチャンであろうとなかろうと、あちらこちらで点灯され始めたクリスマス・イルミネーションを見て、もうすぐクリスマスが近づいてくるなあ、と思う時期になりました。ちなみに私のいる大学では、今出川では一一月二一日、京田辺では明日、クリスマス・イルミネーションの点灯式を行います。信仰を持たない学生たちも、そういう時には集まってきて、光まばゆいツリーを見上げて楽しそうにしています。

しかし、信仰を持つ私たちが特に忘れてはならないのは、二つ目の意味、再臨のキリストを待ち望む者としての自分たちを見つめ直す、ということではないでしょうか。降臨節第一主日の聖書日課は、それを思い起こすための箇所が選ばれています。

今日の福音書は、神の救いの完成の時である終末、終わりの日についてイエスご自身が弟子たちに語っておられる箇所です。それは単純に楽しい喜びの日の到来なのではなく、神の前に立たされる時の到来の厳しさが語られています。

「人の子が戸口に近づいていると悟りなさい」とありますが、同時に「その日、その時は誰も知らない」、いつ来るのかは父なる神だけがご存知だ、というのです。だから、いつでも「気をつけて、目を覚ましていなさい」と忠告されます。神様が（あるいは再臨のキリストが）目の前に現れたときに、眠っているのを見つけられないように、目を覚ましていなさい、と。人は肉体的には眠らないと生きていけません。けれども、ここではそういう意味ではなくて、信仰においては「今日はこれでお休み」というような休みはない、ということですね。逆に言えば、弟子たちはしばしば信仰の「お休み」をとってしまっていたのかもしれません。それをイエスは見ていたのでしょう。ゲッセマネの園での時のように、信仰において眠ってしまう弟子たちを見ておられたのかもしれません。そして、私たちもときどき、信仰のお休みをして眠っているのかもしれません。どうでしょうか。そして、反対にいつも「目を覚まして」神様の前に出る備えをしている、とはどういう意味なのでしょうか。

これらは、イエス・キリストを信じる信仰の道に入った者たちに向かってのメッセージです。パウロは、手紙にそれを書きました。コリントの教会の人々に向けて、あなたがたは「キリスト・イエスによって聖なる者とされた人々」と言い、「あなたがたはキリストに結ばれ、あらゆる言葉、あらゆる知識において、すべての点で豊かにされています」というように、褒めるような言葉が続いています。しかし、この後の手紙の内容を読むと、教会の中に分裂があったようですし、「みだらな行い」をする者もいたようですし、信仰生活においてさまざまな深刻な問題を抱えていた人々がいたようです。神様からの「何一つ欠けることのない賜物」をいただいていても、信仰の「お休み」をしてしまう信徒たちの姿を、パウロは知っていたのではないでしょうか。

神の前に「聖なる者」として立つ、「キリストの日に非のうちどころのない者」となる、とはどういうことなのでしょうか。

果たして、そんなことは私たちに可能なことなのでしょうか。

マーティン・ルーサー・キング牧師のことは皆さんご存知だと思います。一九六〇年代のアメリカの公民権運動の指導者として有名で、南部バプテスト教会の優れた説教者でもありました。彼の説教の一つに「完全なる人生の三つの次元」という題の説教があります。

彼は「人生が完全であるためには、三つの次元が備わっていなければならない」と言って語り始めます。ヨハネの黙示録二一章の最初の部分は、ヨハネが「わたしはまた、新しい天と新しい地を見た。……さらに聖なる都、新しいエルサレムが天から下ってくるのを見た」と、新しい神の都のヴィジョンを語っているのですが、この都の最大の栄光の一つはその完全さにある、とキング牧師は語ります。この都の大きさを天使がものさして測ると、長さと幅と高さがまったく同じであった、と一五―一六節に書いてあります。キング牧師は、この新しい神の都を、新しい理想的な人間性の都と見なして、完全なる人生の三つの次元を、この都の長さと幅と高さに当てはめて説明しています。このの三つの側面がすべて完璧であることで、このテキストは、人生の最善のあるべき姿を象徴して述べていると思うというのです。

そして、彼の言葉は続きます。

「ここでいう人生の長さとは、われわれ自身の幸福に対する内的関心のことである。言葉を換えて言えば、それは人を前方に押し出す、自分自身が望む目標に到達しようとする内的関心のことである。

そして人生の幅とは、他者の幸福に対する外的関心のことである。

そして、人生の高さとは、神に対する上へ向けての関心のことである。われわれが完全なる人生を持とうとするなら、これら三つの次元を持たなければならないのである」。

つまり、ここで言う「人生の長さ」は、私たちが内的な力を発展させることに関心を向けている人生の次元のことであり、自分自身を愛さなければならない、ということを意味しています。しかし、多くの人々は、今の自分ではない別人になろうとして、忙しく立ちふるまっている。けれど、神は私たちすべてに何か重要なものを与えられているはずです。だから、自分自身を受け入れることができるよう、神に祈るべきなのです。

次の「人生の幅」は、隣人を愛するということです。良いサマリア人のたとえ話のように、他者が助けを求めているときに「私がこの人を助けたら、私はどうなるだろうか」を考えるのではなくて、「私が助けなかったら、この人はどうなるのか」という関心を持ち続けること、隣人のために、他者のために何かをすること以上に偉大なことは何もない。彼は言います、「私は残された人生で、そのことに関わっていこう、と決心した」。

そしてもう一つは「人生の高さ」です。自己愛も隣人愛も越えて、神を愛し、神を求めていく、ということです。けれども、多くの人々はこの第三の次元を無視してきています。彼らはそれを無視していることさえ、知らないでいる。別の事柄に没頭しているからです。人間の進歩について毎日考え、さまざまな新しいものを作り出し、手に入れることに没頭して、彼ら（私たち）は神の力の必要性を忘れてしまっているのです。

しかし、私たちは神を求めるべきなのです。私たちは神に向かって造られていて、神の中に安息を見出すまでは、平安であることはできない存在だからです。自分を愛することも、隣人を愛することも、神に愛されているという信仰によって、真の支えを得ることができます。主なる神を「心を尽くし、精神を尽くし、力を尽くして、愛する」のです。

三つの次元をすべて見出したときに、主の栄光が現れ、すべての丘と山は低くされ、曲がった道はまっすぐにされるのです。私たちは、他者からしてほしいと思うことを、自分も他者にできるようになるのです。

イエスさまの言葉と、パウロの言葉と、キング牧師の言葉をご紹介しました。目を覚ましていなさい、ということは、この三つの次元をしっかりと見出す自分たちであれ、ということではないでしょうか。非のうちどころのない聖なる者、というのも、この三つの次元を真に見出すことができる者、と言えるのではないでしょうか。単に知識として知っている、ということだけではなくて、その三つの次元を生きる人生を歩いていく、ということです。

イエスも、パウロも、マーティン・ルーサー・キングも、人間が自分の力だけで完全な者となることはできないことを、経験を通してよく知っていたはずです。だからこそ、これらのメッセージがあります。私たちには神が必要なのです。神を求め、神の到来を心から待ち望みながら、歩み続けていきましょう。

「主も最後まであなたがたをしっかり支えて、わたしたちの主イエス・キリストの日に、非のうちどころのない者にしてくださいます」。

（二〇一四年一一月三〇日　大津聖マリア教会説教）

あとがき

本書は、同志社大学のチャペルアワーでの私のメッセージと、キリスト教会での主日礼拝の説教などをまとめたものです。

大学内では、教員兼チャプレンとして多くの学生たちと接しますが、そのほとんどはキリスト教信仰をもたない若者たちです。授業でキリスト教や聖書について学んでいる学生もいますが、そうでない学生もいます。宗教の存在自体に疑念をもっている学生も少なくありません。そして、彼らの多くは自立の道を歩みだしたばかりで、将来社会のなかに自分が生きていく場所を見いだすため、どの方向に歩んでいくべきかを探し求めながら大学生活をおくっています。そういう学生たちの思いや状況を念頭に置きながら、聖書のみ言葉を通してどのようにキリストの福音を語り伝えるかが、メッセージを語る者の課題となります。学業に追われる日々のなかで、心静かに自分自身を振り返って見つめ直してみる、また社会のなかで起こっているさまざまな事柄を通して他者の思いに心を留める、そして困難な問題を乗り越えて生きる力と希望を見いだす、そういう「時」を提供できればと願いながら奨励しています。

キリスト教会においては、少子高齢化が進み、長い信仰歴をもつ信徒の方々が多数礼拝に列席しておられ、若年層の列席者は少なくなっています。しかし、教会に通い始めたばかりの方が礼拝に来ておられる場合もあるので、常にできるだけ解りやすい説教を、と心がけています。日本聖公会の教会では、教会暦によって礼拝で読む聖書日課が定められており、説教はそれに従って準備します。教会の礼拝の列席者のそれぞれの思いや状況を念頭に置いて説教を考えますが、それに加えて私は近頃の大学生たちが何を感じたり考えたりしているかを、時々織り交ぜてお話するようにしています。彼らの思いや状況を心に留めていただきたいからです。

このように、大学でのチャペルアワーと、教会での礼拝では、列席者の年齢やそれに伴う各自の思いや状況が大きく異なります。しかし、人として生きていく過程のなかでさまざまな苦しみ、悩み、悲しみや困難を経験する場合があること、それを何とか乗り越えて生きていかねばならないという点では、共通の課題をかかえています。そういう「嵐」や冷たい「風」に向き合わねばならない時に、行くべき道を開いてくれる「風」や、「不思議なマント」が神様から与えられていることを告げ知らせる役目がある、と私は考えています。

本書には、ここ十数年の間に私が担当した奨励と説教を掲載しており、その時の大学や教会や社会での状況がメッセージのなかに反映されています。その折々に現実として直面した「嵐」や「風」にどのように向き合ってきたのか、その具体的な足跡をそのまま残しています。

私自身、これまでさまざまな「嵐」や「風」に翻弄されながらも、多くの方々に支えられて今日まで教員・牧師として歩み続けられたことを、心から感謝しています。お話を聞いてくださった教会の皆様、学生、教職員の皆さん、そして、私を教え導いてくださった諸先生方、支えてくださった大学のスタッフや先輩、後輩の皆さん、友人たちに、改めて感謝申し上げます。

そして、この本を二〇一七年二月一九日に、六六歳で天に召されていった私の愛する夫、フランシス三木清樹に心からの感謝をもってささげます。彼は、私に同志社大学神学部を紹介し、結婚と同時に私が神学教育を受けることに賛同し、その後、私が聖書科の教員となり聖職志願することもすべて心から賛同して、生涯にわたっていつも私を支えてくれました。出版界で働き、本の世界を愛した彼は、私がこの本の出版の話をした時にも喜んで賛成してくれました。

彼と共に歩んだ日々を神様に感謝しながら、これからも主の御心を求めて、歩み続けていきたいと思います。

アンナ　三木メイ

二〇一七年一一月五日

著者紹介
三木メイ（みき・めい）
1954年広島市に生まれる。同志社大学神学部卒業。同神学研究科修了。
松蔭中学・高等学校聖書科講師、神戸松蔭女子学院大学キリスト教学非常勤講師などを経て、2004年より現在まで同志社大学キリスト教文化センター教員。
日本聖公会司祭（京都教区）。

扉カット　松久奈央

奨励・説教集　嵐と風と不思議なマント

2018年1月25日　第1版第1刷発行
©2018

著 者　三　木　メ　イ
発行所　株式会社　キリスト新聞社
〒162-0814　東京都新宿区新小川町 9-1　電話 03(5579)2432
URL. http://www.kirishin.com
E-Mail. support@kirishin.com
印刷所　協友印刷株式会社

ISBN978-4-87395-735-7　C0016（日キ販）　Printed in Japan